3/

Thilo Kroll / Franz Petermann

Was kranke Kinder brauchen

HERDER / SPEKTRUM

Band 4239

Das Buch

Von der Krankheit eines Kindes ist die ganze Familie betroffen. Eltern stehen vor vollkommen neuen Situationen: Wenn das Kind so krank ist, daß es im Krankenhaus liegt, muß der Tag anders eingeteilt werden. Wenn es zu Hause ist, müssen viele Gewohnheiten – vom Speisezettel bis zur Freizeitgestaltung – neu bedacht werden. Wie können Eltern ihren Alltag gestalten, damit mögliche Geschwister, aber auch sie selbst nicht zu kurz kommen? Eltern sind oft unsicher, wie sie ihr Kind informieren sollen, wie sie es auf das Leben mit der Krankheit vorbereiten können. Die Autoren geben sachlich und genau Auskunft über das, was Eltern und Kinder erwartet: Von der Diagnose bis zur Entlassung aus dem Krankenhaus und der Zeit danach. Worauf ist im Gespräch mit den Ärzten besonders zu achten? Welche Rechte haben die Eltern? Die Autoren geben auch ganz konkrete Tips, wie etwa durch Entspannungsübungen und kindgerechte Information Ängste abgebaut werden und neue Verhaltensweisen eingeübt werden können. Aussagen von Kindern und Eltern zeigen anschaulich und lebendig, wie andere Betroffene mit der neuen Situation umgehen. Es zeigt sich: Eltern können sinnvoll und gelassen ihre kranken Kinder begleiten und mit ihnen den Alltag gestalten. Der praktische Ratgeber für eine kritische Situation.

Die Autoren

Thilo Kroll, Diplom-Psychologe, ist wissenschaftlicher Mitarbeiter von Franz Petermann an der Universität Bremen. In seiner praktischen Arbeit unterstützt er chronisch kranke junge Menschen im Selbsthilfebereich.
Franz Petermann, Professor für Psychologie an der Universität Bremen. Sein Forschungsinteresse bezieht sich auf die Verbindung von Medizin und Psychologie. Er arbeitet als Verhaltenstherapeut mit Kindern in der Bremer Kinderambulanz.

Thilo Kroll / Franz Petermann

Was kranke Kinder brauchen

Hilfen für den Alltag mit chronisch kranken Kindern

Herder
Freiburg · Basel · Wien

Originalausgabe

Herstellung: Freiburger Graphische Betriebe 1993
Umschlaggestaltung: Joseph Pölzelbauer
Umschlagfoto: Hartmut Schmidt
ISBN 3-451-04239-8

2,–

Inhalt

Vorwort

Die Diagnose einer chronischen Krankheit wirft die gesamte Familie aus der Bahn. Die Mutter eines krebskranken Kindes drückt dies wie folgt aus: „Nicht nur der Zug entgleiste, sondern die Schienen, auf denen er fuhr, waren plötzlich auch fort." Eine Krankheit bedeutet also ein Verlassen gewohnter, bekannter „Schienen", die den Weg bisher vorgegeben haben. Aus diesem Grund haben wir den Inhalt des vorliegenden Buches nicht nur auf das kranke Kind allein, sondern auf die Familie insgesamt abgestimmt.

Die medizinische Behandlung der meisten chronischen Erkrankungen im Kindesalter hat in den vergangenen Jahrzehnten deutliche Fortschritte gemacht. Auch wenn in der Regel keine „Heilung" erzielt werden kann, so ist doch für die meisten betroffenen Kinder ein weitgehend beschwerdefreies Leben möglich geworden. Die größeren medizinischen Erfolge machen ein langes Leben mit einer chronischen Krankheit heute möglich, dadurch rückt die Lebensqualität in den Blickpunkt. Schnell wurde erkannt, daß eben nicht nur der Patient an sich davon betroffen ist, sondern sich Belastungen für alle Familienmitglieder insgesamt ergeben. Die Familie ist aber nicht nur mitbetroffen, sondern übernimmt auch vielfältige Maßnahmen zur gefühlsmäßigen und praktischen Unterstützung des Kindes bei der

Bewältigung der Krankheit. Eltern, Geschwister und krankes Kind erfahren gemeinsam Belastungen, die sie „aushalten" und bewältigen müssen.

Ärzte, Krankenschwestern, Krankengymnasten, Psychologen und Pädagogen – sie alle haben Vorstellungen darüber, was für das chronisch kranke Kind und seine Familie nützlich sein könnte. In Gesprächen mit den Eltern versuchen sie, diesen Vorstellungen Nachdruck zu verleihen. Sie geben Ratschläge und machen den Eltern deutlich, wie diese am besten mit ihrem Kind umzugehen haben. „Sie wollen doch auch nur das Beste – oder?" Viele Familien erleben diese als „hilfreiche Hinweise und Unterstützung" gemeinten Angebote jedoch keineswegs als Hilfe, sondern empfinden einen Zwang, der dahinter steht.

Wir möchten mit diesem Buch praktische Hilfen vermitteln, die Ihnen die Auseinandersetzung mit der chronischen Erkrankung und ihren Folgen erleichtern. Dennoch sollte das Buch nicht wie ein „Rezeptbuch" gelesen werden. Patentlösungen sind selten, und auch nicht für alles läßt sich eine Erklärung finden. Wir wollten ein „praktisches" Buch vorlegen, das Ihnen nützliche Hinweise anbieten kann. Ausgewählt wurden von uns vier ganz unterschiedliche chronische Krankheiten (Asthma, Diabetes, Krebs und Rheuma). Beim Lesen wird das Gemeinsame dieser Krankheiten offensichtlich, bei aller Unterschiedlichkeit im Erscheinungsbild. Stefan Zweig hat einmal gesagt: „Man muß gewisse Dinge erlebt haben, um sie zu verstehen." Dieses mag insbesondere für die Situation von Eltern mit einem chronisch kranken Kind gelten.

Nicht alles, was wir geschrieben haben, spielt auch für Ihre Familie eine Rolle. Andererseits mögen Sie das eine oder andere in diesem Buch vergebens suchen. Unser Anliegen ist es aber auch, Ihnen Mut zum Gespräch zu machen. So haben wir an verschiedenen Stellen des Buches immer wieder Fragen gestellt, die Sie entweder an sich selbst, den Arzt oder Lehrer Ihres Kindes als auch an andere Personen richten können. Wir wünschen Ihrer Familie dabei viel Erfolg.

Bremen, im August 1993

Thilo Kroll
Franz Petermann

Akute und chronische Krankheit

„Ich hatte da gleich so ein unbestimmtes Gefühl, als würde es diesmal nicht so glimpflich abgehen", sagt mir die Mutter des fünfjährigen Torsten, der vor zwei Monaten an Leukämie erkrankte. Was in dieser Aussage als „glimpflich" bezeichnet wird, ist eine Kinderkrankheit, wie sie die meisten Kinder in den ersten Lebensjahren durchmachen: Masern, Windpocken, Mumps – Viruserkrankungen, die wir inzwischen als Bagatellerkrankungen betrachten, bei denen nur noch in ganz seltenen Ausnahmefällen ein Krankenhausaufenthalt erforderlich ist. Die „Kinderkrankheiten", denen wir heute in den Kinderkliniken und ärztlichen Praxen begegnen, sind vielfach andere als noch vor Jahrzehnten. Infektionskrankheiten sind aufgrund der Fortschritte in der Medizin im Rückzug begriffen. Tödliche Verläufe von Diphtherie oder Tuberkulose sind nahezu ausgeschlossen. Verbesserte Hygiene, Impfungen und vielfältige Behandlungsmöglichkeiten haben sie nahezu zum Verschwinden gebracht. Chronische Krankheiten prägen das Bild der heutigen Kinderklinik. Viele dieser Erkrankungen können inzwischen erfolgreich behandelt werden. Dennoch ergeben sich für eine Familie mit einem chronisch kranken Kind eine Vielzahl von mehr oder minder dauerhaften körperlichen, vor allem aber psychischen und sozialen Begleiterscheinungen.

„Krankheit ist Leben unter veränderten Bedingungen mit dem Charakter der Existenzgefährdung" – so hat es der bekannte Arzt Rudolf Virchow bereits am Anfang dieses Jahrhunderts ausgedrückt, und er meint damit nichts anderes, als daß Leben mit der Krankheit dort möglich wird, wo Veränderungen akzeptiert werden.

Die Erfolge in der Behandlung chronischer Krankheiten werden heute insbesondere in der Krebstherapie deutlich. Noch vor fünfundzwanzig Jahren war es um die Behandlung von kindlichen Krebsformen sehr schlecht bestellt und die meisten Kinder starben. Heutzutage kann in den meisten Fällen das Fortschreiten der Erkrankung aufgehalten oder die damit verbundenen Symptome gar zum Verschwinden gebracht werden.

Ähnliches gilt für die Behandlung rheumatischer Erkrankungen. Hier gelingt es inzwischen auch, den Entzündungsprozeß in Gelenken und Bewegungsapparat aufzuhalten, die Beweglichkeit des Kindes zu erhalten und eine nebenwirkungsarme Therapie durchzuführen.

Die Behandlung des Diabetes ermöglicht es dem Betroffenen heute weitgehend symptomfrei zu leben, wenn er Ernährungsvorschriften und (Selbst-)Behandlungsanleitungen in seinem Alltag befolgt.

Das Anfallsgeschehen asthmatischer Erkrankungen kann durch die Vermeidung von anfallauslösenden Stoffen und den Einsatz von Atemhilfsmitteln ebenfalls in den meisten Fällen kontrolliert werden.

Die Möglichkeiten der Schulmedizin, dauerhafte Heilungserfolge bei den genannten Krankheiten herbeizuführen, sind allerdings begrenzt. In der Frage nach der Heilbarkeit der Erkrankung drückt sich die verständliche Hoffnung der Eltern des kranken Kindes auf ein festlegbares Ende der Krankheit aus. Die Tatsache, daß das Kind krank ist, wird erträglicher, wenn man weiß, daß es Behandlungsmöglichkeiten gibt, welche die Krankheit letztendlich zum Verschwinden bringen. Auf chronische

Krankheiten läßt sich der allerdings klassische „Heilungsbegriff" nicht sinnvoll anwenden. Aufgrund der Entwicklungen in der medizinischen Diagnostik und Behandlung ist es in den meisten Fällen möglich, das Fortschreiten der Erkrankung aufzuhalten bzw. die Symptome zum Verschwinden zu bringen. Aufgabe des Arztes und aller an der Begleitung des chronisch kranken Kindes Beteiligten ist es, die Lebensqualität weitest möglich zu erhalten bzw. wieder herzustellen. Das verlangt, sich an die veränderten Realitäten, die sich durch die Erkrankung ergeben haben, anzupassen und die Krankheit als Herausforderung zu begreifen. Der Asthmatiker muß einsehen, daß seine Atemwege empfindlich sind, der Krebskranke hat sich vor Infektionen in acht zu nehmen, der Rheumatiker sollte Gelenkbelastungen vermeiden und der Diabetiker muß seinen Speiseplan mit der Insulinzufuhr abstimmen. Die Aufgabe des Arztes und der Eltern ist es, dem Kind möglichst normale Entwicklungsvoraussetzungen anzubieten, so daß es lernt mit seiner Krankheit selbständig zu leben. Das ärztliche Handeln ist dabei aber in der Regel nicht auf einen kurzen Zeitraum beschränkt, sondern begleitet das Leben des betroffenen Kindes und seiner Familie in mehr oder weniger dauerhafter Weise.

Krankheit und Behandlung beeinflussen die gesamte Familie. Die psychischen und sozialen Auswirkungen ergeben neue Schwerpunkte, die das ärztliche Wirken ergänzen müssen:

1. Normalisierung des familiären Alltags
2. gefühlsmäßige und praktische Unterstützung der Familie in der Verarbeitung und im Umgang mit der Krankheit
3. Wiedereingliederung des kranken Kindes in Schule und Freundeskreis

4. Förderung des Kindes bei körperlichen, psychischen und sozialen Entwicklungsverzögerungen
5. Bereitstellung besonderer Alltagshilfen (z. B. technische Hilfsmittel)
6. Vorbereitung und Unterstützung des Kindes während der Krankenhausaufenthalte

Was zeichnet aber nun eine „chronische Krankheit" aus? Und was unterscheidet sie von akuten Krankheiten? Bei akuten Erkrankungen ist die Dauer des Geschehens abzusehen. Auf einen mehr oder minder plötzlichen Beginn folgt das Vollbild der Erkrankung mit seinen vielfältigen Symptomen (z. B. bei den Windpocken die roten Pusteln, die den Körper bedecken). Mit der Behandlung der Erkrankung verschwinden die Symptome zunehmend, bis die Beschwerden dauerhaft behoben sind. Bei chronischen Erkrankungen hingegen, im Rahmen derer auch akute Perioden (z. B. ein Rheumaschub oder ein Asthmaanfall) auftreten können, kann man nicht von einer vollständigen Heilung ausgehen. Können die Beschwerden auch so weit kontrolliert werden, daß der Betroffene sich körperlich als „geheilt" empfindet, so ist es dennoch möglich, daß psychische und soziale Folgen der Erkrankung andauern.

Wir können sagen, daß chronische Krankheiten im wesentlichen dadurch gekennzeichnet sind, daß

1. ihr zukünftiger Verlauf nicht vorhersehbar ist (z. B. bei Krebserkrankungen ist die Prognose unsicher),
2. Körperfunktionen beeinträchtigt sind, woraus sich ein herabgesetztes körperliches Leistungsvermögen ergibt (z. B. durch Atembeschränkungen beim Asthmatiker),
3. körperliche Folgen bleiben (z. B. Operationsnarben),
4. man von medizinischen Spezialisten, Behandlungen und/oder technischen Hilfsmitteln im Alltag abhängig

ist (z. B. die täglichen Blutzuckerkontrollen und Insulinspritzen des Diabetikers),

5. sich Schwerpunkte und Perspektiven im Leben ändern(z. B. der Berufswunsch und die Freizeitbeschäftigungen).

Für das vorliegende Buch wurden vier chronische Krankheiten ausgewählt. Wir möchten die mit den einzelnen Erkrankungen verbundenen Belastungen aufzeigen, aber auch die Gemeinsamkeiten zwischen ihnen darstellen, die sich aus ihrem chronischen Charakter ergeben. Die Auswahl gerade dieser Krankheitsbilder beruht dabei nicht nur auf unserer Erfahrung mit ihnen, sondern auch auf deren unterschiedlichem Bekanntheits- und Verbreitungsgrad. Dabei möchten wir die Krankheiten kurz skizzieren:

- Asthma – die *häufigste* chronische Erkrankung bei Kindern
- Krebs – die *bedrohlichste* Krankheit
- Rheuma – die *kaum bekannte* chronische Krankheit bei Kindern
- Diabetes – die *heimliche* Krankheit

Diese Charakterisierungen wird vielleicht nicht jeder Leser voll akzeptieren können, da es sich nur um knappe Umschreibungen handelt, die immer zu kurz greifen müssen.

Dennoch hat sich in unserer Erfahrung gezeigt, daß Krebserkrankungen als am lebensbedrohlichsten erlebt werden, wenngleich auch bei den meisten Erkrankungsformen sehr gute Behandlungserfolge zu verzeichnen sind.

Der Begriff „Rheuma" wird in der Bevölkerung weiterhin nahezu ausschließlich mit älteren Menschen in Verbindung gebracht. Daß sogar Säuglinge daran erkranken können, ist den wenigsten bekannt. Gerade aus dieser Tatsache heraus erwachsen für die Betroffenen eine Vielzahl von Problemen innerhalb ihres sozialen Alltags, da die Krankheit nicht nach außen sichtbar ist.

Diabetes gilt als relativ unauffällige Krankheit. Trotz Blutzuckerkontrollen und Insulininjektionen gelingt es vielen Diabetikern, ihre Erkrankung zu verheimlichen.

Allergische Atemwegserkrankungen (Asthma) sind besonders häufig. Viele Studien belegen, daß über zehn Prozent aller Kinder davon betroffen sind. Allergien und Asthma nehmen seit fünfzehn Jahren in ihrer Häufigkeit stetig zu.

Wenn eine chronische Krankheit festgestellt wird

Der Diagnoseschock

Von vielen Eltern und Kindern wird die Zeit vor der Diagnosestellung rückblickend als einer der schlimmsten Abschnitte überhaupt erlebt. Es ist eine Zeit, die von Ungewißheit geprägt ist. So erzählt eine Mutter „Ich wartete auf eine Nachricht, die uns aus diesem Alptraum erlösen würde. Selbst mit einer schlechten Botschaft hätte ich mich auseinandersetzen können. Aber die Ungewißheit war nicht zum aushalten, sie fraß mich regelrecht auf." Die Geschwindigkeit, mit der eine zuverlässige Diagnosestellung erfolgen kann, hängt stark vom jeweiligen Krankheitsbild ab. So berichten insbesondere Eltern rheumakranker Kinder von einer oft Monate langen Odyssee zwischen Hausarzt, Krankenhaus und Facharzt bis letztendlich eine Diagnose gestellt wird. In anderen Fällen liegt eine sichere Diagnose bereits nach wenigen Tests vor. Bei Kindern mit Diabetes geht unter Umständen eine dramatische Überzukkerungsepisode der Diagnosestellung voraus. Das Kind wird dann intensivmedizinisch versorgt und auf der Basis der Diagnose wird die Behandlung eingeleitet.

In den meisten Fällen sind es aus der Vergangenheit bekannte und banal erscheinende Beschwerden (wie Fieber, Hustenanfälle mit Atemnot), die das Kind zum Arzt führen; mit der Erwartung, daß dieser das Kind untersucht, eine passende Medizin verschreibt und es dann mit den aufmunternden Worten „Das wird schon wieder" nach Hause entläßt. Langsam entsteht eine zunehmende Angst und die Frage, ob es sich vielleicht doch um etwas Ernstes handelt. Selbstvorwürfe und Fragen, ob man verantwortlich ist, drängen sich auf. Vielfach wird die Familie auch vertröstet: „Es müssen noch weitere Untersuchungen gemacht werden, bis wir sicher sein können, was Ihrem Kind fehlt." Die Überweisung in ein Krankenhaus und erneutes Warten zerren an den Nerven. Eine Mutter beschrieb die Zeit der Diagnosestellung mit folgenden Worten: „Die Wahrheit schlägt grausam zu. Man glaubt, vorbereitet zu sein, doch dann ist man es doch nicht. Ich war aber froh, als es endlich vorbei war. Dieses Warten! Ich habe viel geweint damals auf dem Weg vom Krankenhaus nach Hause. Auch später noch. Aber wir wußten endlich, womit wir es zu tun hatten."

Wie schnell und in welcher Form den Eltern und dem betroffenen Kind die Diagnose mitgeteilt wird, beeinflußt in entscheidender Weise ihren späteren Umgang mit der Erkrankung. Hier werden die „Weichen" für die Behandlungszeit gestellt. Nach der Ungewißheit, die viele Familien im Vorfeld der Diagnosestellung erleben, glauben sie, auf das Allerschlimmste vorbereitet zu sein, dennoch erschüttert die endgültige Diagnose die Familie auf dramatische Weise. „Als mir der Arzt mitteilte, daß meine Tochter Krebs hatte, strömte plötzlich eine Masse bildhafter Erinnerungen auf mich ein. Ich sah Marion auf ihren kleinen Zehenspitzen stehen und die Kerzen auf ihrem Geburtstagskuchen ausblasen. Das war damals an ihrem vierten Geburtstag. Heute ist Marion zehn. Den Arzt nahm ich nur noch wie durch einen Schleier wahr. Die ganze Situation erschien mir irgendwie unwirklich. Ich erinnere mich, wie ich vom Stuhl aufstehen wollte und mir die Beine versagten. Mein Mann stützte mich und beim Verlassen des Arztzimmers dachte ich nur ‚Sie darf nicht sterben!'"

Die Mitteilung, daß das eigene Kind an einer chronischen, also unheilbaren Krankheit leidet, wird entweder als massive Bedrohung von den Eltern erlebt oder in ihrer Tragweite gar nicht richtig verstanden. So berichten viele Mütter von rheumakranken Kindern, daß sie zunächst an der Aussage des Arztes zweifelten. „Endlich war es raus. Ich hab's aber nicht begriffen. Irgendetwas sagte mir, nein, das kann's doch nicht sein. Das gibt es doch gar nicht bei Kindern." Rheuma bei Kindern, das erscheint abwegig. Erst nach einer genaueren Aufklärung über das Krankheitsbild begreifen die betroffenen Familien, was die Diagnose für ihr zukünftiges Leben bedeutet.

Wie Eltern sich das Diagnosegespräch wünschen

Eltern wünschen sich vor allem eines: Offenheit und Aufrichtigkeit von den Ärzten. Sie möchten darüber hinaus eine verständliche Hoffnung aus dem Gespräch mitnehmen. Zu diesem Zeitpunkt ist der Gedanke an eine unheilbare Erkrankung meist noch unerträglich für die Eltern, so daß diese den Arzt mit dem Anspruch konfrontieren, eine Hoffnung auf „Heilung" in Aussicht zu stellen. Diese Form des Hoffens ist jedoch angesichts des chronischen Charakters der Krankheit illusorisch. Eine Mutter:

„Ich will Hoffnung haben. Von den Ärzten habe ich damals verlangt, daß sie mir diese Hoffnung geben. Erst später habe ich begriffen, daß ich auf das Falsche gehofft habe. Nämlich, daß Tatjana wieder gesund werden würde. Heute bin ich dankbar, daß sie meine falschen Hoffnungen nicht unterstützt haben. Wir haben gelernt, uns mit Tatjanas Krankheit zu arrangieren." Jenseits der Hoffnung auf „Heilung" gibt es also etwas, das als Hoffnung auf ein erfülltes „Leben mit der Krankheit" bezeichnet werden kann. Vom Arzt sollte also verlangt werden, daß er gerade diese Hoffnung nährt und nicht die Heilungserwartung der Eltern unterstützt. Im Gespräch sollte er klarstellen, was die Medizin zu leisten vermag, und darüber hinaus den Eltern Möglichkeiten aufzeigen, wie diese gemeinsam mit dem Kind die Krankheit meistern können.

Bedauerlicherweise kommt es immer wieder vor, daß Eltern insbesondere das belastende Diagnosegespräch mit dem Arzt als unbefriedigend erleben. Dabei wird folgendes beklagt:

- Der Arzt gibt zu viele Informationen auf einmal, welche die Eltern nicht aufnehmen und verarbeiten können.
- Der Arzt konzentriert sich vorrangig auf medizinische Ausführungen und läßt zu wenig Raum für Ängste, Gefühle und krankheitsbezogene Vorstellungen der Eltern.
- Der Arzt gibt der Familie zu wenig Zeit, sich mit der Diagnose auseinanderzusetzen. Oft dauert das Gespräch nur wenige Minuten. Angesichts der Bedeutung der Mitteilung für die Familie ist das viel zu kurz.
- Der Arzt wählt eine medizinische Fachsprache, welche die Eltern nicht verstehen oder von der sie nur einzelne Teile aufgreifen, was zu falschen Schlußfolgerungen führen kann.
- Nach der Entlassung aus dem Arztzimmer sind die Eltern oft sich selbst überlassen.

Gerade weil im Rahmen des hektischen Krankenhausbetriebs wenig Zeit bleibt für ein ausführliches Gespräch, sind die Eltern gut beraten, das Gespräch vorzubereiten. Wir wissen, daß es praktisch unmöglich ist, sich auf das Diagnosegespräch im Vorfeld einzustellen, aber dennoch können die folgenden Hinweise unter Umständen für weitere Unterredungen von Nutzen sein.

1. Bitten Sie den Arzt, seine Ausführungen zu wiederholen, wenn Sie etwas nicht verstehen sollten.
2. Bitten Sie den Arzt, schwierige Sachverhalte (z. B. Krankheitsentstehung, Behandlungsmaßnahmen) in einer für Sie verständlichen Sprache darzustellen.
3. Lassen Sie sich Fachbegriffe erklären. Sie werden mit diesen immer wieder konfrontiert.
4. Ersuchen Sie den Arzt nicht um zu viele Informationen auf einmal. Wenn Sie glauben, Sie können keine weiteren Informationen verarbeiten, „bremsen" Sie den Arzt, und bitten Sie um einen nächsten Termin.
5. Fragen Sie den Arzt, was Sie selbst tun können und wie Sie am besten die Behandlung Ihres Kindes unterstützen können.
6. Holen Sie Informationen nicht nur von dem behandelnden Arzt ein. Nutzen Sie auch andere Informationsquellen, das heißt, gehen Sie auf andere Personen zu, die an der Behandlung Ihres Kindes mitbeteiligt sind.
7. Erstellen Sie vor dem Gespräch eine Übersicht von Fragen und Themenbereichen, die Sie erörtern wollen. Wählen Sie dabei nicht zu viele Fragen auf einmal. Sonst werden die Antworten notwendigerweise kurz und oberflächlich sein. Nutzen Sie Ihre Gesprächszeit optimal. Falls Sie keine befriedigenden Antworten erhalten, fragen Sie nach.
8. Bereiten Sie das Gespräch auch mit Kontaktpersonen aus dem Selbsthilfebereich bzw. anderen gleichsam betroffenen Familien vor. Diese kennen die Erkrankungssituation aus erster Hand und können möglicherweise auf Fragen und Themen hinweisen, an die Sie bisher gar nicht gedacht haben.

9. Ermutigen Sie Ihr krankes Kind, dem Arzt Fragen zu stellen, wenn Sie beim Kind das Bedürfnis verspüren, daß es gern mehr über seine Krankheit und Behandlung erfahren möchte.

Die Zusammenstellung dieser neun Punkte ist keineswegs vollständig, sie soll lediglich eine Anregung für Ihre Gespräche mit dem Arzt sein. Wie alle Ratschläge, die Sie in diesem Buch finden, sollten Sie diese auf Ihre persönliche Situation abstimmen. Viele der Empfehlungen werden Sie wahrscheinlich ohnehin bereits berücksichtigen, andere halten Sie möglichweise für unpassend.

Zum Aufbau einer vertrauensvollen Arzt-Familien-Beziehung

Wenn man mit Eltern chronisch kranker Kinder spricht, hört man immer wieder: „Mit dem Arzt, der unser Kind behandelt, haben wir wirklich Glück gehabt." Aber handelt es sich dabei wirklich um Glück? Es gibt zahlreiche Faktoren, die den Kontakt zwischen Eltern und Arzt sowie zwischen dem Arzt und dem betroffenen Kind beeinflussen, und ausschlaggebend dafür sind, ob die Beziehung als vertrauensvoll oder eher negativ erlebt wird.

Warum ist ein von Vertrauen geprägter Kontakt zum behandelnden Arzt so wichtig? Chronische Krankheiten machen es erforderlich, daß man sich nicht nur zu einem Zeitpunkt in die Hände eines medizinischen Fachmanns begeben muß. Die Behandlung und Kontrolle des Krankheitsverlaufs erstrecken sich über längere Zeiträume. Das Krankheitsbild und die Familiensituation sind dem Arzt in der Regel bekannt, und er ist unwillkürlich Bestandteil des Familienlebens. Vertrauen ist vor allem dort erforderlich, wo einem selbst die Hände gebunden sind. Chronische Krankheiten machen von Behandlungspersonal, Hilfsmitteln und technischen Geräten abhängig. Dieses ist nicht nur für die betroffenen Kinder, sondern auch für ihre Eltern eine neue und mit Unbehagen verbundene Erfahrung. Hier wirkt eine vertrauensvolle Beziehung angstmindernd.

Wir möchten in der Folge etwas genauer auf die vertrauensfördernden Beziehungsaspekte eingehen. Vertrauen kann nur auf der Grundlage eines Sicherheitsgefühls entstehen. Dieses zu finden, mutet insbesondere im Rahmen der Klinik nahezu paradox an. Zu viele angsterregende Momente ergeben sich. Dennoch kann das Behandlungspersonal dazu beitragen, daß Zuverlässigkeit und Berechenbarkeit in der Behandlung erlebt werden.

Bereits der erste Kontakt zwischen der Familie und dem Arzt kann entscheidend sein. Die Art und Weise wie er die Familie begrüßt, den Eltern und dem Kind zuhört, die Betroffenen ermutigt und ihnen Unterstützung zuteil werden läßt, bestimmt, ob eine vertrauensvolle Beziehung hergestellt wird. Insbesondere für die kranken Kinder selbst ist es wichtig, daß der Arzt sein Verhalten durchschaubar und vorhersehbar macht. Negative Überraschungen führen zu Vertrauensverlust und Angst. So sollte der Arzt mit dem Kind Diagnostik- und Behandlungsmaßnahmen durchsprechen, Fragen beantworten, Untersuchungsinstrumente demonstrieren und zukünftige Erlebnisse im Krankenhaus erläutern. Das medizinische Vorgehen wird so vom Patienten als kontrollierbarer erlebt. Vertrauen kann gezielt aufgebaut werden durch

- das Herstellen einer vertrauensvollen Gesprächsbasis. Dabei wird dem Kind die volle Aufmerksamkeit zuteil und versucht, die kindlichen Gefühle, Gedanken und Vorstellungen zu verstehen;

- für das Kind durchschaubare Handlungen (z. B. bei körperlichen Untersuchungen);
- das Vermeiden von falschen, ungenauen oder ausweichenden Informationen;
- hoffnungsvolle und positive Äußerungen (z. B. sich mit dem Kind freuen, wenn eine Untersuchungs- oder Behandlungsprozedur überstanden ist);
- das Übertragen von Verantwortung auf das Kind während des Diagnostik- und Behandlungsprozesses (z. B. das Kind Untersuchungsinstrumente halten lassen);
- direktes Ansprechen des Kindes, wenn dieses niedergeschlagen oder ängstlich erscheint;
- das Unterstützen des Kindes angesichts angst- und schmerzerregender Maßnahmen (z. B. eine Hand auf die Schulter legen, Nacken streicheln oder ermutigende Äußerungen zum Durchhalten);
- Loben und Belohnen von erwünschten Verhaltensweisen des Kindes (z. B. wenn dieses sich an die abgesprochenen Regeln bei der Durchführung einer Punktion hält oder wenn es von sich aus Vorschläge macht, die den Ablauf der Untersuchung erleichtern können).

Wir haben diese Empfehlungen auf das Behandlungspersonal bezogen. Genauso können sie Eltern als Hinweise dienen, wie sie ihr Kind während der Untersuchungs- und ersten Therapiezeit hilfreich unterstützen können. Die Einweisung in ein Krankenhaus ist für viele bisher von Vertrauen bestimmte Eltern-Kind-Beziehungen eine harte Belastungsprobe. Hatte das Kind nicht Mutter und Vater unter Tränen angefleht, es nicht ins Krankenhaus zu bringen? Das Kind mußte einsehen, daß alles Bitten nichts genützt hatte. Zudem werden jetzt unter Umständen noch schmerzhafte Untersuchungen und Behandlungen mit ihm durchgeführt. Können das die Eltern gewollt haben? Das

Kind ist verwirrt. Um so wichtiger ist es für das betroffene Kind, zu verstehen, was vor sich geht. Außerdem muß ihm deutlich gezeigt werden, daß sich die Beziehung zwischen ihm und seiner Mutter bzw. seinem Vater nicht geändert hat.

Warum hat es uns getroffen?

Viele Eltern beginnen, nachdem sie die Diagnose erfahren haben, Fragen zu stellen. Warum wir? Warum hat es gerade unsere Familie getroffen? Was haben wir falsch gemacht? Fragen, auf die es wohl kaum eine befriedigende Antwort geben kann. Für viele chronische Erkrankungen im Kindesalter sind die Ursachen nicht eindeutig geklärt. Dieses läßt Raum für Spekulationen über die Krankheitsauslöser. So macht sich beispielsweise ein Vater Gedanken, weil er seinem Kind ein Softeis im Urlaub gekauft hat: „Hätte ich von der Gefahr gewußt. Ich meine, daß sie durch eine Virusinfektion... Ich mache mir solche Vorwürfe." Die Mutter einer Diabetikerin sagt: „Wissen Sie, mein Mann arbeitet schwer und wenn er nach Hause kommt, möchte er ein deftiges Essen haben. Wie konnte ich denn nur ahnen, daß ich meiner Tochter damit schaden kann."

In der Regel beruhen diese Vorwürfe auf mangelnden oder falschen Informationen über die Krankheit. Besonders massiv werden die Selbstvorwürfe der Eltern, wenn sie erfahren haben, daß die Krankheit vermutlich „vererbbar" ist. Der Möglichkeit, für das Schicksal des Kindes unmittelbar verantwortlich zu sein, erscheint vielen völlig unerträglich. Es trifft zu, daß bei zahlreichen chronischen Krankheiten Erbfaktoren diskutiert werden. Nach den heutigen Erkenntnissen wird aber nur selten die Krankheit direkt vererbt. Genetische Faktoren spielen sicherlich eine Rolle bei der Erzeugung einer bestimmten Veranlagung, die eine oder andere Krankheit zu entwickeln; für die Auslösung sind in den meisten Fällen aber andere Faktoren (z. B. Virusinfektionen, Umweltfaktoren) verantwortlich.

Bevor die Krankheit angenommen wird, kann es zu starken Gefühlsreaktionen kommen. So richtet sich beispielsweise der Zorn gegen die behandelnden Ärzte („Warum konnten Sie mir nicht früher sagen, was los ist? Ich bin jedes Jahr mit ihr zur Untersuchung gewesen. Nie ist etwas gewesen"). Erst allmählich verwandelt sich die Verzweiflung in eine Bereitschaft, sich gemeinsam mit der Krankheit auseinanderzusetzen.

Wie Kinder sich ihre Krankheit und Behandlung vorstellen

„Etwas ist anders als sonst, etwas stimmt nicht mit mir!" Egal, ob wir es gleich Krankheit oder einfach Veränderung im Befinden nennen wollen, so können wir doch davon ausgehen, daß kranke Kinder recht frühzeitig merken, daß sich etwas verändert hat. Der Besuch beim Arzt macht ihnen spätestens deutlich, daß sie krank sind. Kinder machen sich Gedanken über die Ursachen ihrer Krankheit. Sie fragen sich, warum sie krank geworden sind und was diese Krankheit zu bedeuten hat. Der Umgang mit der Erkrankung ist dabei stark abhängig vom Alter, dem geistigen, körperlichen, emotionalen und sozialen Entwicklungsstand des Kindes. Sie scheinen dabei manchmal Gedanken zu entwickeln, die Erwachsenen aus ihrer Perspektive unverständlich erscheinen.

Nehmen wir das *Beispiel* des dreijährigen Michael.

Er war in das Krankenhaus eingeliefert worden mit einer Geschwulst am Oberschenkel. Diese konnte erfolgreich entfernt werden. Seit Tagen aber litt Michael nun schon an Einschlafstörungen. Schon als die Nachtschwester die Vorhänge im Krankenzimmer zuziehen wollte, begann er zu weinen. Auf die Frage, warum er denn weine, schluchzte er nur „Nicht dunkel machen, nicht dunkel machen..." Selbst als die Vorhänge aufgelassen wurden, konnte er nicht einschlafen. Auf die Frage, ob er nach der Operation immer noch Schmerzen habe, schüttelte Michael nur den Kopf. Als die Mutter am nächsten Tag zu Besuch kam, brachte sie in Erfahrung, daß Michaels Angst vor der Dunkelheit von der Operation herrühre. Damals hatte er eine Vollnarkose bekommen und war mit Schmerzen wieder aufgewacht. Die Schwestern und Ärzte hatten ihm erzählt, daß er während der Operation schlafen und überhaupt nichts spüren würde. Nun fürchtete er sich vor dem Einschlafen, weil er glaubte, wieder mit Schmerzen aufzuwachen. Schlaf und Narkose wurden von Michael gleichgesetzt.

Für den Umgang mit schwerkranken und chronisch kranken Kindern ergeben sich daraus zwei Konsequenzen:

- Kinder setzen sich mit ihrer Krankheit und Behandlung auseinander. Ihre Erfahrungen, Gedanken und Gefühle teilen sie ihrer Umwelt aber oft nur in verschlüsselter, symbolhafter Weise mit. Erwachsene müssen dabei ein Gespür für die Sprache des Kindes entwickeln. Dabei spielt nicht nur das vom Kind Gesagte eine Rolle, sondern auch das, was es auf andere Art, beispielsweise durch Zeichnungen, seine Körperhaltung, seinen Gesichtausdruck und seine Gewohnheiten mitteilt.
- Um das Kind und seine Deutung von Krankheit und Behandlung verstehen zu können, müssen Eltern und Behandler Kenntnis über den Entwicklungsstand des Kindes besitzen.

In Abhängigkeit von den Vorerfahrungen, die das Kind mit Krankheiten hat, und seinem geistigen Entwicklungsstand wird es seine Empfindungen und das, was es von der Umgebung über sein Kranksein erfährt, unterschiedlich verarbeiten. Das „Wissen" um das, was vor sich geht, bestimmt auch, welche Möglichkeiten das Kind sieht, seine Krankheit zu bewältigen. Sei es, was es persönlich dazu beitragen kann, sei es, was seine Eltern dazu tun können oder sei es, was Ärzte und Schwestern erreichen können.

Ein vierjähriger Junge mit Leukämie war ganz verzweifelt. Er begriff scheinbar überhaupt nicht, was da mit ihm vor sich ging. Zunächst bestand die Aufgabe darin, eine gemeinsame Sprache zu finden. Wir (das Behandlungspersonal) wußten, daß er eine Menge Hörspielkassetten auf seinem Nachttisch liegen hatte. Geschichten, die uns wenig sagten. Auch eine Märchenkassette war darunter, nach Auskunft seiner Mutter, trotz der größeren Aktualität der anderen Kassetten, seine Lieblingskassette. In dem Märchen kamen Trolle und böse Gestalten aus der nordischen Sagenwelt vor. Und natürlich auch ein tapferer Held, dem es schließlich gelang, die Trolle, die ständig das Leben anderer bedrohten, zu überlisten und für immer in Stein zu verwandeln. Diese Geschichte machten wir uns zu nutze. Wir erklärten dem Jungen, daß die weißen Blutkörperchen in seinem Körper wie diese Trolle seien, die wir überlisten müßten, damit sie ihn für immer in Ruhe lassen. Die Medizin, die wir ihm gaben, war eine Art „Zaubertrank", welche die Bösewichter nach und nach erstarren läßt. Weil da aber eine ganze Menge von diesen schlimmen Trollen in seinem Körper seien, braucht dies etwas Zeit. Eines Nachts, als die Krankenschwester in das Zimmer des Jungen schaute, bemerkte sie, wie er auf den Infusionsschlauch blickte und mit seinen Augen die regelmäßig hinabfallenden Tropfen verfolgte. Dann hörte sie ihn murmeln: „Blubb, Troll, wir kriegen dich."

Viele Untersuchungen belegen, daß Kinder oft meinen, an ihrer Erkrankung schuld zu haben. Krankheit wird als Strafe erlebt für Ungehorsam. Hatte die Mutter nicht häufig gemahnt: „Zieh dir deine Jacke über, wenn du hinaus zum Spielen gehst". Trotzdem hatte es nicht immer gehört. Und manchmal ist auch der Schnupfen gekommen, vor dem die Mutter gewarnt hatte. Und was ist mit dem Bruder oder der Schwester? „Beim letzten Mal, als wir Streit hatten, hat sie nur gesagt. Wart's nur ab, irgendwann wird sich das rächen. Du kriegst auch noch deine Strafe!"

Die Krankheit wird so als Folge eigenen Fehlverhaltens erlebt. Dies bedeutet jedoch nicht, daß das Kind davon ausgeht, daß die Erkrankung unmittelbar durch das eigene Verhalten entstanden ist. Vielmehr wird es als „gerechte Strafe" erlebt, die von außen auf das Kind einwirkt. Darüber, wie dieses geschieht, entwickeln Kinder unterschiedlichen Alters eigene Vorstellungen. So glauben Kinder im Vorschulalter an eine Form des „magischen Überspringens" der Krankheit. Erst allmählich lernen Kinder zwischen Ursachen und Folgen von Krankheiten zu trennen. Mit zunehmendem Alter werden die Ursachen mehr außerhalb des Körpers gesehen, während die Folgen vom Kind selbst verspürt, selbst erlebt werden.

„Ich bin hingefallen, direkt auf mein Knie. Dann ist das dick geworden und ich hab' Rheuma gekriegt" (Marvin, 10 Jahre, juvenile chronische Oligoarthritis).

Ein älteres Mädchen findet eine körperbezogene Erklärung für ihren Zustand: „Ich weiß, daß da mein Abwehrsystem gestört ist. Da richten sich irgendwelche Blutzellen gegen meine Gelenke" (Ellen, 15 Jahre, juvenile chronische Polyarthritis).

Auf der am weitesten fortgeschrittenen Stufe entwickeln Kinder Zusammenhänge zwischen psychischen, sozialen und biologischen Faktoren. So der achtzehnjährige Mark, der an Leukämie erkrankt ist: „Ich weiß nicht so recht. Irgendwie fühlte ich mich in der letzten Zeit vor der Erkrankung ziemlich schlapp. Kein Wunder, denn ich hab' ganz schön gekeult für die Schule, um meinen Notendurchschnitt vor dem Abi noch zu verbessern. Ich frag' mich natürlich heute, ob das nicht auch Einfluß auf mein Hormon- und Blutsystem gehabt haben kann." Wie Untersuchungen gezeigt haben, gehen die meisten Kinder im Grundschulalter von Krankheitserregern als Ursache für ihre Erkrankung aus. Dabei unterscheiden sie gewöhnlich nicht zwischen verschiedenen Erregern, sondern bezeichnen diese oft einfach als „Bakterien" oder „Viren". Oft sind sie noch nicht in der Lage, die „guten" Absichten von Ärzten und Eltern zu sehen, wenn sie ins Krankenhaus zur Behandlung müssen. Ältere Kinder verfügen über mehrere alternative Annahmen über das, was ihren Zustand herbeigeführt haben könnte. Sie sind auch in der Lage, sich in die Perspektive der Krankenschwester, des Arztes und der Eltern hineinzuversetzen und verstehen, daß das, was geschieht, zur Heilung ihrer Krankheit unternommen wird. Einige Kinder glauben jedoch, daß nur derjenige ihren Zustand wirklich versteht, der es selbst schon einmal erlebt hat.

„Ich lag bereits seit mehreren Wochen in diesem Gipsbett. Die Ärzte hatten mir alles genau erklärt. Es sei nur vorübergehend, haben sie gesagt. Doch wie lange dauert dieses ‚vorübergehend'? Mehrmals haben sie meinen Rücken geröntgt. Erst gestern haben sie mir gesagt, daß es eigentlich gar nicht mehr so schlimm weh tun dürfte und ich sicherlich bald aufstehen könnte. Anfänglich habe ich das ja auch versucht. Aber als ich dann auf dem Gang zusammengebrochen bin. Ich weiß noch, wie ich geschrien habe, als sie mich zu dritt in mein Zimmer zurückgetragen haben. Dann haben sie mich abgelegt, in meine „Gipsschüssel". Der Arzt hat nur gemurmelt, daß das ja wohl etwas zu viel gewesen sei. Die Schmerzen blieben. Drei Tage und drei Nächte. Jeden Tag aufs neue die Versicherung, es sei nur ‚vorrübergehend'. Ich glaubte ihnen einfach nicht mehr. Der einzige, dem ich Glauben schenkte, war Mirko. Er war drei Jahre jünger als ich. Ich hörte ihn oft über den Gang toben. Täglich kam er in mein Zimmer und wir sprachen miteinander. Mirko hatte das Gleiche wie ich durchgemacht. Osteoporose – Knochenentkalkung aufgrund des Cortisons! Nun bewegte er sich scheinbar problemlos, allerdings mit einem Stützkorsett. ‚Vorübergehend', versicherten mir die Ärzte einmal mehr, als ich danach fragte. Wäre er nicht gewesen, hätte ich es nicht geglaubt" (Torsten, 14 Jahre, Osteoporose und juvenile chronische Arthritis).

Dieses Beispiel macht deutlich, wie bedeutend gleichaltrige Betroffene für die Krankheitsbewältigung sein können. Sie sind Vorbilder oder „Modelle", die es geschafft haben. Sie bilden einen Anreiz es auch zu schaffen, es zu probieren. Das Beispiel zeigt aber auch, daß selbst bei älteren Kindern Ängste und Zweifel oft stärker sind als das Wissen um die eigene Erkrankung und die damit verbundene Behandlung. Oft werden auch Schuldgefühle, die eigentlich einer früheren Entwicklungsstufe angehören, förmlich gesucht. Schuldgefühle sind oft das Bemühen um Kontrollierbarkeit dessen, was da geschieht. Schuld bedeutet Eigenverantwortung. Wenn eigenes Handeln die Krankheit hervorgerufen hat, dann besteht auch die Möglichkeit, daß diese durch ein verändertes Verhalten verschwindet. So sagt ein zwölfjähriges Mädchen, das an Diabetes erkrankt war: „Hätte ich nicht so viele Süßigkeiten gefuttert, hätte ich heute wohl kein Diabetes."

Um richtig mit den auf die Krankheit bezogenen Schuldgefühlen umgehen zu können, ist es wichtig, ihre Bedeutung für das Kind zu beachten. Diese Schuldgefühle durch „besseres Wissen" einfach ersetzen zu wollen, bedeutet meistens Hilflosigkeit und Ohnmacht erst herbeizuführen. Die „Wegstrecke" zwischen Schuld und Verantwortung ist nicht weit. Verantwortung für die eigene Person wird innerhalb der Behandlung gefordert. Es gilt also dem Kind einerseits „realistischere" Erklärungen anzubieten und andererseits sein Bedürfnis nach Einflußnahme zu erkennen und es in die Behandlung aktiv einzubeziehen.

Warum und wie Kinder über ihre Krankheit aufgeklärt werden sollten

Sollen Kinder über ihre Krankheit und die damit verbundene Behandlung aufgeklärt werden? Diese Frage wird heute weitgehend mit „ja" beantwortet. Im Zusammenhang mit Krebserkrankungen herrschte bis in die siebziger Jahre die Auffassung vor, daß man Kinder vor der Mitteilung der Diagnose verschonen sollte. Dieses muß allerdings vor dem Hintergrund des damaligen Therapiestandes der Medizin betrachtet werden. Da früher viele Erkrankungen einen tödlichen Ausgang nahmen, glaubte man, daß Kinder nicht reif genug sind, die Wahrheit zu ertragen. Wie bereits dargestellt wurde, entwickeln Kinder ohnehin eigene Vorstellungen über ihren Zustand und desgleichen in bezug auf ihre Behandlung. So zum *Beispiel* die achtjährige, an Leukämie erkrankte Christine: „Die Medizin tötet die Bakterien in meinem Blut."

Die neue Sichtweise veränderte die Kinderheilkunde. Kindliche Vorstellungen müssen in der Behandlung ernst genommen werden. Wer sie als bloße Phantasien zurückweist, verstärkt wahrscheinlich nur die Ängste und Unsicherheiten der betroffenen Kinder. Wem es gelingt, die „Sprache" des Kindes zu verstehen und zu sprechen, der wird ihm auch seine Befürchtungen nehmen können. Denn die Art und Weise, wie Informationen „verpackt" werden, entscheidet darüber, wieweit der kindliche Umgang mit der Krankheit in eine positive Bahn gelenkt werden kann. Das Kind wird durch das Annehmen seiner Ausdrucksmöglichkeiten von Schuld und Gefühlen der Hilflosigkeit entlastet und ermutigt, an der Krankheitsbehandlung aktiv mitzuwirken.

Bei der Aufklärung des Kindes geht es nicht um wissenschaftliche Genauigkeit und Vollständigkeit. Es kommt vielmehr auf ein kindgerechtes Vorgehen an. Nicht nur sein sprachliches Verständnis, sondern auch seine Vorstellungswelt sind dabei entscheidend. Zur Vorstellungswelt gehören auch Märchen- und Phantasiefiguren, die unter Umständen bei der Aufklärung berücksichtigt werden können. Das medizinische Fachpersonal sollte deshalb über die Entwicklung krankheitsbezogener Vorstellungen orientiert sein. Die Eltern sind hierbei von zentraler Bedeutung. Sie kennen die Erfahrungswelt ihres Kindes und sein Sprach- und Ausdrucksvermögen viel besser als die Behandler. Neben der mündlichen Aufklärung gibt es Möglichkeiten der schriftlichen und bildlichen Unterweisung von Kindern. Kindgerechte Patientenbroschüren liegen unter anderem für „Juvenile chronische Arthritis“, „Leukämie“, „Tumorerkrankungen“, „Asthma“ und „Diabetes“ vor. Neben allgemeinen Informationen zum Krankheitsgeschehen sind darin auch Hinweise zu Untersuchungs- und Behandlungsmaßnahmen enthalten. Das Kind ist dabei nicht nur passiver Leser, sondern auch aktiver Gestalter. So wird es beispielsweise gebeten, seinen Namen einzutragen, Bilder anzufertigen u.ä. Die Eltern können diese schriftlichen Materialien auch zusammen mit ihren Kindern durcharbeiten. So hat das Kind einen vertrauten Ansprechpartner.

Wenn in der Familie Sprachlosigkeit herrscht

Mit dem Bekanntwerden der Diagnose setzt in vielen Familien eine „Sprachlosigkeit" ein, die für alle Beteiligten sehr belastend sein kann. Der norwegische Psychologe Magne Raundalen hat dies mit dem Begriff „Glaswand" beschrieben. Es ist, als habe die Feststellung der Krankheit eine Wand des Schweigens zwischen den Ehepartnern einerseits und den Eltern und Kindern andererseits errichtet. Es werden zwar Behandlungsmaßnahmen und Klinikaufenthalte besprochen, doch nur selten wird den Gefühlen Ausdruck verliehen, die mit der Krankheit und der veränderten Situation verbunden sind. Alle denken über die Ereignisse, welche die ganze Familie betreffen, nach, doch keiner spricht darüber. Man möchte den anderen nicht verletzen, nicht zusätzlich belasten, mit den eigenen Sorgen konfrontieren. Insbesondere die Väter ziehen sich oft auf den beruflichen Bereich zurück. Nicht selten vernimmt man von den Müttern, daß sie sich mit dem Kind und der Erkrankung allein gelassen fühlen. „Seit Diana krank ist, macht er noch mehr Überstunden. Wenn er dann nach Hause kommt, ist er kaum ansprechbar. Stumm sitzen wir vor dem Fernseher. Ich hab' das Gefühl, ich bin gar nicht mehr da."

Die Art der gedanklichen und gefühlsmäßigen Auseinandersetzung mit der Krankheit mag variieren, doch Offenheit schadet nie. Die Erkrankung des Kindes und die damit verbundenen Veränderungen im Alltag müssen von der Familie gemeinsam bewältigt werden. Dieses setzt jedoch eine offene Kommunikation der Beteiligten voraus.

Auch gegenüber dem betroffenen Kind sollten die Eltern einen vertrauensvollen Austausch pflegen. Das Kind äußert seine Bedürfnisse nach Information und Aufklärung möglicherweise in einer Sprache, die sehr viel indirekter und bildhafter als die der Erwachsenen ist. Es wählt Symbole und

Phantasiegeschichten, die es ihm erlauben, einerseits das, was mit ihm vorgeht, zu verstehen und andererseits die eigenen Ängste, die mit seinem Zustand verbunden sind, zu beschwichtigen. Auch das Kind befürchtet, seine Eltern zu verletzen, sie zu belasten. Es spürt, daß diese traurig sind. In wissenschaftlichen Untersuchungen konnte gezeigt werden, daß Offenheit gegenüber dem Kind, nicht wie angenommen zu Ängsten und Depressionen führt, sondern eher das Gegenteil bewirkt. Es wurde vielfach gezeigt, daß der aufrichtige Austausch von Informationen wesentlich zu einem günstigen Umgang mit der Krankheit beiträgt.

Einige hilfreiche Leitlinien für das Gespräch in der Familie

- Sprechen Sie über Ihre Ängste und Befürchtungen, aber auch über Ihre Hoffnungen mit Ihrem Partner.
- Machen Sie deutlich, wo Sie Ihre Grenzen sehen und wo Sie Unterstützung brauchen.
- Sprechen Sie mit Ihren Kindern über die Krankheit. Wählen Sie dabei eine Sprache, die dem Verständnis Ihrer Kinder angemessen ist. Benutzen Sie ruhig bildhafte Vergleiche. Es kommt nicht auf die wissenschaftliche Genauigkeit Ihrer Erklärungen an.
- Seien Sie aufrichtig! „Notlügen" bringen nichts ein. Früher oder später erwächst daraus nur ein Gefühl von Mißtrauen und Unglaubwürdigkeit.

Auf der Suche nach Informationen

In der Regel beginnen die Eltern, nachdem sie den Schock der Diagnose überwunden haben, mit der Suche nach Informationen über das Krankheitsbild, die Behandlungsmöglichkeiten und die Prognose der Erkrankung. So erzählt eine Mutter: „Ich habe mich an einen befreundeten Arzt unserer Familie gewandt und ihn um Literatur gebeten. Außerdem war ich in allen Buchhandlungen und Bibliotheken in unserer Stadt. Ich mußte etwas tun. Ich hatte das Gefühl verrückt zu werden." In dem Bemühen, die Krankheit besser verstehen zu lernen, ist auch das Bedürfnis zu sehen, etwas zu tun. Die Verantwortung für das Kind in die Hände der Ärzte zu legen, das Warten auf die Diagnose und den Ausgang der Behandlungen verurteilt die Eltern zu Passivität. Diese Haltung entspricht nicht ihrer gewohnten Rolle, nämlich der als Versorger und Beschützer des Kindes zu wirken. Informationen werden gesucht, um auch mit der veränderten Situation besser leben zu können. Sich damit abzufinden, selbst in diesem frühen Stadium nur wenig dazu beitragen zu können, daß es dem Kind wieder besser geht, ist für viele Eltern unerträglich. Die Informationssammlung wird als Möglichkeit gesehen, das Krankheitsgeschehen kontrollierbarer zu machen, nach dem Motto „Wenn ich weiß, was vor sich geht, kann ich etwas dagegen tun". Wie eng die gefühlsmäßige Auseinandersetzung mit der Krankheit und die Suche nach Informationen verknüpft sind, macht die Aussage der Mutter eines diabeteskranken Kindes deutlich, die auf den Zeitpunkt der Diagnose bezogen ist: „Am Anfang habe ich alles Mögliche über die Erkrankung unserer Tochter gelesen. Meine Mutter hat mir Zeitungsausschnitte und Artikel aus diesen Klatschzeitschriften geschickt. Die waren besonders schlimm. Aufgebauscht zu Horrorstories mit glücklichem

Ausgang und strahlendem Kinderlächeln. Die habe ich gleich weggeworfen. Ich konnte das nicht ertragen."

Die Informationsbeschaffung hilft den Eltern nicht nur mit ihren Gefühlen von Angst und Hilflosigkeit besser umgehen zu können, sie ist auch ein wichtiger Schritt auf dem Weg der zukünftigen Auseinandersetzung mit der Erkrankung. Dennoch gibt es einige Gefahren, die als solche erkannt werden müssen, damit Informationen sich nicht ungünstig auf die Bewältigung der Krankheit auswirken. Ein falsches oder lückenhaftes Wissen kann gravierende Konsequenzen für die Folgezeit haben. Nachstehend haben wir einige Hinweise zusammengestellt, die bei der Sammlung von Informationen beachtet werden sollten.

- Die verläßlichste Informationsquelle sollte der Arzt Ihres Kindes sein. Er kennt die Krankheitssituation genau und kann Ihnen am besten Auskunft geben.
- Medizinische Fachbücher beschreiben oft sachlich neutral ein Krankheitsbild. Sie können unmöglich dem medizinischen Einzelfall Rechnung tragen. Bücher „kennen" Ihr Kind nicht.
- Bedenken Sie, daß medizinische Sachbücher oft in einer für Laien schwer verständlichen Sprache geschrieben sind.
- Artikel aus der Boulevardpresse und Magazinen dramatisieren oder verharmlosen. In der Regel wird von einzelnen Schicksalen berichtet, die nicht mit der Situation Ihres Kindes vergleichbar sind.
- Befreundete Ärzte kennen das Krankheitsbild Ihres Kindes nicht. Sie können allenfalls Fragen an den behandelnden Arzt vorbereiten.
- Sie nehmen Informationen, je nach Bedürfnis, nur ausschnittsweise auf. Entweder Sie konzentrieren sich vorrangig auf die hoffnungerzeugenden oder pessimisti-

schen Informationsbestandteile. Diese sind aber nur Teile des gesamten Bildes.

- Bei Kontakten zu Patienten- und Selbsthilfeorganisationen ist davor zu warnen, andere Einzelfälle auf die eigene Erkrankungssituation zu beziehen. Medizinische Erklärungen können lücken- oder fehlerhaft sein. Informationsschriften, die von derartigen Einrichtungen herausgegeben werden, können oft jedoch sehr nützlich sein. Sie sind in der Regel in einer allgemein verständlichen Sprache abgefaßt und wurden in Zusammenarbeit mit Ärzten erstellt.
- Erwachsene und Kinder neigen dazu, Informationsdefizite durch eigene Erklärungen auszufüllen. Darin liegt die Gefahr einer Fehlinformation, die negative Konsequenzen auf den weiteren Behandlungsverlauf haben kann.

Die genannten Leitlinien können Ihnen dabei helfen, sich ein umfangreiches Wissen anzueignen und schnelle Fehlschlüsse zu vermeiden.

Wie sich chronische Krankheiten auf die Familie auswirken

Mit Feststellung der Diagnose ergeben sich eine Reihe von Veränderungen und Belastungen für das betroffene Kind und die Familie insgesamt. Es erscheint sinnvoll, sehr frühzeitig, am besten bereits in der Diagnosephase, auf diese hinzuweisen. In einem ausführlichen Gespräch mit dem behandelnden Arzt oder einem Klinikpsychologen können die familiären Problemfelder mit einem chronisch kranken Kind besprochen werden. Dabei sollte insbesondere der Klinikpsychologe als wichtige Hilfe während des Behandlungs-

und Nachsorgezeitraums einbezogen werden. Dieser ist Anlaufstelle für eine Vielzahl von Auswirkungen, für deren Erörterung im Gespräch mit dem Arzt oft die Zeit fehlt. Wir möchten nun zunächst die Konsequenzen beleuchten, die sich für das kranke Kind ergeben. Die krankheits- und behandlungsbedingten Begleitumstände können das Kind unmittelbar körperlich betreffen als auch auf sein Selbstwerterleben und seine sozialen Funktionen in Familie und Freundeskreis bezogen sein. In unterschiedlichen Bereichen muß das Kind lernen, sich auf die neue Situation einzustellen, sich an das Leben mit einer chronischen Krankheit anzupassen. Wir möchten an dieser Stelle einige zentrale Auswirkungen chronischer Krankheiten aufzeigen:

1. *Bewältigung des Alltags*
Das Kind muß lernen, fortan seinen Alltag auf seine Krankheit abzustimmen. Möglicherweise muß es den Leistungssport aufgeben, den es bisher betrieben hat, oder muß sich von seinem Lieblingshobby, dem Reiten, verabschieden, da Tierhaare bei ihm einen Asthmaanfall auslösen können. Wahrscheinlich wird es in Zukunft einen strikten Behandlungsplan einhalten müssen. Sei es, die Zufuhr von Insulin, eine krankengymnastische Behandlung oder eine regelmäßige Inhalation. In der Familie und der Schule nimmt es zunächst eine Sonderrolle ein, die bei Mitschülern und Geschwistern unter Umständen Ablehnung oder Neidgefühle hervorruft. Diese Sonderrolle wird der Patient langsam überwinden müssen.

2. *Krankenhausaufenthalte*
Chronische Krankheiten sind oft gleichbedeutend mit häufigen Krankenhausaufenthalten. Vielfach entwickeln die betroffenen Kinder nach wiederholten Aufenthalten in Kliniken oder Rehabilitationseinrichtungen eine Art „Zweites

Zuhause-Gefühl". Dennoch ist es am Anfang in der Regel schwer, sich an die Trennung von Eltern und Zuhause sowie an eine neue Umgebung zu gewöhnen.

3. *Beeinträchtigung der körperlichen Unversehrtheit*
Untersuchungs- und Behandlungsmaßnahmen sind häufig mit körperlichen Eingriffen verbunden. Egal, ob es sich nun um die Knochenmarkspunktion bei einem leukämiekranken Kind, die Gelenkoperation bei einem rheumakranken Patienten, die täglichen Insulinspritzen des Diabetikers oder die Inhalationen des Asthmatikers handelt, immer sind damit Einschränkungen und möglicherweise sogar Schmerzen verbunden. Gleichzeitig wirkt auch die Grunderkrankung selbst auf das allgemeine Wohlbefinden des Kindes. Sei es nun eine erhöhte Müdigkeit und Abgespanntheit, Atemnot oder langanhaltende Schmerzen.

4. *Veränderte Zukunftsperspektive*
Für das Kind ist die Gewißheit, lebenslang krank zu sein, sehr belastend. Seine bisherigen Lebensziele (Berufswünsche, Hobbies etc.) sind durch die Krankheit mehr oder weniger in Frage gestellt, eine neue Perspektive muß aber erst langsam erarbeitet werden. Die Krankheit wirkt sich auf schulische Leistungen, die Bindung an die Eltern und die Beziehung zu Gleichaltrigen aus.

5. *Verändertes Selbstwert- und Körpererleben*
Mit den meisten chronischen Krankheiten sind auch körperliche Veränderungen verbunden. Das rheumakranke Kind leidet möglicherweise unter einer herabgesetzten Beweglichkeit und Veränderungen an den Gelenken. Dem krebskranken Kind sind aufgrund der chemotherapeutischen Behandlung die Haare ausgefallen. Der Diabetiker versucht, die Einstichstellen der Insulinspritzen zu verber-

gen und der Asthmatiker, der unter Anstrengungsasthma leidet, gerät schnell in Atemnot. Diese Krankheits- oder Behandlungsauswirkungen können bei dem Betroffenen ein negatives Bild in bezug auf die eigene körperliche Attraktivität erzeugen. Häufig ist es für das Kind mit Scham verbunden, sich vor anderen zu zeigen oder notwendige Behandlungen (z. B. das Messen des Blutzuckers und die Injektion von Insulin) vor den Augen anderer durchzuführen. Oft zieht sich das Kind von Schulkameraden und Freunden zurück, da es sich als ‚Behinderter' benachteiligt fühlt und außerdem anderen nicht zur Last fallen möchte.

Die genannten Beeinträchtigungen sind vielleicht nicht in jedem Fall augenfällig und auch nicht immer beobachtbar. Für Eltern und Behandler kann es dennoch wichtig sein, diese zu kennen, um rechtzeitig unterstützend eingreifen zu können.

Doch wie bewältigen Kinder und Jugendliche nun die genannten Belastungen? Es reicht nicht aus, die Belastungen zu kennen, denen ein Kind ausgesetzt ist. Entscheidend ist vor allem, wie es sich mit seiner Krankheitssituation auseinandersetzt. Die Belastungen, die wir dargestellt haben, werden nicht von jedem Kind in gleicher Weise erlebt. Dazu ein *Beispiel*:

Marcel hatte erfahren, daß er fortan nicht mehr am Schulsport teilnehmen dürfe, da einfach die Belastung und Verletzungsgefahr zu groß wäre. Eine Welt brach für ihn zusammen. Er war Klassenbester in Sport, und jetzt?

Raffaela hingegen hatte sich früher mühsam zu den Sportstunden hingeschleppt. Am Morgen war ihr meistens schon übel. Sie hatte schreckliche Angst vor den Übungen an den Geräten. Das eine oder andere Mal hatte sie auch schon den Unterricht geschwänzt oder einen Grund vorgeschoben, um nicht teilnehmen zu müssen. Als ihr dann der Arzt mitteilte, daß es mit dem Schulsport wohl vorbei sei, brach sie in lauten Jubel aus. Nie mehr Sport!

Was Marcel vermutlich als belastend bewertet, stellt für Raffaela ein angenehmes Ereignis dar. Aber auch mit spürbaren Belastungen wird in ganz unterschiedlicher Weise umgegangen. So kann sich ein Jugendlicher Sorgen machen, ob er später einmal eine Partnerin finden wird oder den von ihm angestrebten Beruf erlernen kann. Eine weitere Möglichkeit ist es, in der Krankheit eine Herausforderung zu sehen. Der Betroffene glaubt, selbst aktiv seine Zukunft mit der Krankheit gestalten und negative Auswirkungen mindern zu können. Damit verbunden sind eher positive Gefühle wie Mut, Hoffnung und Zuversicht. Ein Kind, das die Belastungssituation als Herausforderung an die eigene Person erlebt, wird auch nach Lösungen suchen. Dabei überlegt es möglicherweise, wie es früher vielleicht mit Schwierigkeiten umgegangen ist, oder es denkt darüber nach, wie ihm andere Personen (z. B. die Eltern, Ärzte und Freunde) bei der Überwindung seiner Probleme helfen können. Das kranke Kind stellt sich also die Fragen *‚Was kann ich tun?'* und *‚Wer kann mir helfen?'*. Sein Alter und Entwicklungsstand bestimmen, welches Verhalten das Kind zeigt, um die Belastungen zu überwinden. Es überprüft dabei natürlich auch, wie erfolgreich seine Bemühungen sind. Wenn die Krankheit als Herausforderung erlebt wird, kann dies bedeuten, daß es beispielsweise die Krankengymnastik regelmäßig durchführt, weil es glaubt, so eine bessere Chance zu haben, später einmal den gewünschten Beruf erlernen zu können. Oder es ersetzt ein wichtiges Hobby wie das Leistungsturnen durch eine weniger belastende Sportart, wie zum Beispiel durch Jazzgymnastik.

Die Krankheitsbewältigung durch das Kind ist von vielen Faktoren abhängig. Dabei spielen die Vorstellungen, die es von seiner Krankheit hat, eine Rolle. Fühlt sich das Kind an seiner Krankheit schuldig, weil es etwas falsch gemacht zu haben glaubt, wird es möglicherweise weniger die Medikamente als sinnvolles Heilmittel ansehen, sondern vielmehr versuchen, seine Schuld gegenüber Eltern, Geschwistern oder Freunden wiedergutzumachen. Auch das Gefühl, nicht passiv der Krankheit und den damit einhergehenden Belastungen ausgesetzt zu sein, ist entscheidend dafür, wie das Kind sich damit auseinandersetzen wird. Hat es in früheren Situationen erfahren, daß es durch eigenes Handeln sein Leben verändern kann, so wird es auch aktiver gegen seine Krankheit und die damit verbundenen Belastungen vorgehen.

Wir haben uns bisher ausschließlich auf das Kind bezogen. Die chronische Erkrankung eines Kindes bedeutet aber immer, daß die gesamte Familie mitbetroffen ist.

Bereits vor Ausbruch der Erkrankung konnte das Kind beobachten, wie Eltern, Geschwister und Großeltern mit schwierigen Situationen umgehen. Es hat von ihnen gelernt, wie man sich mit Problemen auseinandersetzen und diese bewältigen kann. Die meisten Belastungen des Kindes stellen aber gleichzeitig auch kritische Momente für die übrigen Familienmitglieder dar. Einschränkungen und Veränderungen werden unmittelbar miterlebt, vor allem in folgenden Bereichen:

1. *Die Bewältigung des Alltags*
Die Erkrankung des Kindes wirkt auf den Alltag und die damit verbundenen Aufgaben der Familienangehörigen. Beispielsweise ist ein Elternteil, in der Regel die Mutter, gezwungen, die Berufstätigkeit aufzugeben, um das kranke Kind in der Anfangszeit der Behandlung zu unterstützen. Die Geschwister des Patienten werden vermehrt in die Alltagspflichten einbezogen, und auch der Vater muß unter Umständen zusätzliche Versorgungsaufgaben übernehmen. Die täglichen Fahrten in das Krankenhaus bei gleichzeitigem Wegfall eines Einkommens können möglicherweise zu

finanziellen Schwierigkeiten führen. Dadurch ergibt sich auch eine zusätzliche Einschränkung des Freizeit- und Kontaktbereiches für die Eltern und die übrigen Kinder.

2. *Krankenhausaufenthalte*
Die Trennung, die sich durch die Einweisung des kranken Kindes in eine Klinik ergeben, ist nicht nur für dieses, sondern auch für seine Eltern und Geschwister ungewohnt. Zudem verringern sich die Möglichkeiten, eigenen Interessen nachzugehen, da einfach die Zeit fehlt. Die Situation, das eigene Kind fremden Personen (u. a. dem Arzt und dem Pflegepersonal) anvertrauen zu müssen, ruft oft Auseinandersetzungen mit dem Stationspersonal hervor.

3. *Emotionale Probleme während der Behandlung des Kindes*
Oft fühlen sich Eltern nicht hinreichend über die Krankheit und Behandlung ihres Kindes informiert. Sie sind jedoch gezwungen, Entscheidungen zu treffen, welche für die weitere Behandlung bedeutsam sind. Auch daraus können sich Spannungen zum Behandlungspersonal ergeben. Gleichzeitig erleben sich viele Eltern als ohnmächtig gegenüber dem, was mit ihrem Kind geschieht. Dem Wunsch, dem Kind helfen zu wollen, steht oft ein extremes Mitleiden entgegen, das alle Handlungen oder Unterstützungsversuche zu lähmen scheint. Auch müssen sich die Eltern mit ihren enttäuschten Hoffnungen auf eine baldige Genesung des Kindes auseinandersetzen. In diesem Zusammenhang können sich auch Gefühle von Sinnlosigkeit und Vom-Leben-Betrogen-Sein einstellen.

4. *Zukunftspläne und Perspektiven*

Die Vorstellung, gemeinsam mit dem Kind auf eine sorgenfreie Zukunft hinwirken zu können, scheint durch die chronische Krankheit vorläufig in Frage gestellt. Auch die eigenen Pläne für das weitere Leben müssen unter Umständen verworfen werden. So hat möglicherweise die Mutter ursprünglich geplant, wieder in den Beruf einzutreten, nachdem die Babyjahre vorbei waren. Nun verzögert sich die Wiederaufnahme der Berufstätigkeit möglicherweise nicht nur, sondern erscheint durch den erhöhten Pflegebedarf des Kindes unmöglich. Auch die Erwartung, nun wieder mehr Zeit für Freunde und Freizeitaktivitäten zu haben, kann sehr massiv enttäuscht werden. Oft beklagen Eltern chronisch kranker Kinder nämlich eher die zunehmende Entfernung von Freunden und Bekannten aufgrund der Erkrankung.

Auch für die Eltern und Geschwisterkinder gilt: Entscheidend ist, wie mit den Belastungen umgegangen wird. Viele Familien entwickeln ungeahnte „Kräfte“ und einen inneren Zusammenhalt; sie reifen an den Aufgaben, die sie zusammen bewältigen.

Das kranke Kind und seine Familie während der Behandlungszeit

Wenn das Kind ins Krankenhaus muß

Schon der erste Eindruck von einer Klinik hinterläßt seine Wirkung bei der betroffenen Familie: Handelt es sich um ein großes Universitätskrankenhaus im modernen Stil mit einer Reihe von Spezialabteilungen oder um einen Altbau, der ein Kreiskrankenhaus beherbergt? Wie findet die Aufnahme statt? Werden Eltern und Kind durch steril wirkende Flure geschickt, bis sie an ihrem Bestimmungsort, der entsprechenden Station, dem Krankenzimmer angelangt sind? Wer begleitet die Familie auf ihrem Weg?

Gerade die ersten Tage in der Klinik muten chaotisch an. Alle Betroffenen haben eine Vielzahl von Fragen, doch diese gilt es zunächst zu ordnen. Die Eingewöhnung in die unbekannten Routinen des Krankenhauses vollzieht sich langsam. Oft hört man von betroffenen Eltern, daß sie im ersten Moment entsetzt waren. Alles war schrecklich! Nicht nur die ungewisse Krankheitssituation des Kindes, sondern auch das dunkle unübersichtliche Gebäude des Krankenhauses und die Geschäftigkeit von Ärzten, Krankenschwestern und Besuchern.

Die meisten chronisch kranken Kinder werden wiederholt zur Behandlung in ein Krankenhaus aufgenommen. Dadurch verändert sich nicht nur der familiäre Alltag, sondern es ergeben sich auch viele zusätzliche Belastungen.

Wenn der Krankenhausaufenthalt schon längere Zeit

vorher bekannt ist, können sich alle Beteiligten auf die Situation einstellen, und das Kind kann langsam auf das Bevorstehende vorbereitet werden. Beispielsweise können die Eltern zusammen mit dem kranken Kind und seinen Geschwistern der Klinik, in der die Behandlung erfolgen soll, einen Besuch abstatten. In Gesprächen mit dem Arzt, der für das Kind zuständig sein wird und dem Pflegepersonal auf der Station, erhält die Familie einen Eindruck vom Krankenhaus, den zu erwartenden Untersuchungsmaßnahmen und dem Stationsalltag. Möglicherweise kann auch der Operationsraum besichtigt werden, wenn das Kind eine Operation zu erwarten hat. Fragen und Ängste können so schon im Vorfeld abgeklärt werden. Aus ihrer langjährigen Erfahrung heraus können Arzt und Krankenschwestern den Eltern noch wichtige Anregungen mit auf den Weg geben, wie diese ihr Kind auf den stationären Aufenthalt vorbereiten können. Auch Buchhandlungen verfügen in der Regel über ein reichhaltiges Sortiment an Kinderbüchern für verschiedene Altersstufen, anhand derer der Krankenhausbetrieb veranschaulicht werden kann. Die Geschwister sollten in die Vorbereitung nach Möglichkeit miteinbezogen werden, damit auch sie verstehen lernen, wohin ihr Bruder oder ihre Schwester in den nächsten Wochen geht und was ihn oder sie dort erwartet. Trotz einer umfangreichen Vorbereitung können unvorhersehbare Momente auftreten. Dennoch wird für alle Beteiligten der Druck geringer, wenn die Krankenhaussituation schon im Vorfeld zum Thema gemacht wird.

Leider ist in sehr vielen Fällen die Aufnahme in ein Krankenhaus nicht so elegant planbar. Häufig wird das Kind innerhalb weniger Stunden in die Klinik eingeliefert und damit unvorbereitet mit einer neuen Umgebung konfrontiert. Für Erklärungen bleibt nur wenig Zeit. Oft wissen die Eltern selbst nicht einmal, was sie dem Kind überhaupt sagen sollen. Sie fühlen sich ja ebenso unwissend, sind geschockt und haben Mühe, sich auf die neuen Umstände einzustellen. Für das Kind ist es jetzt wichtig zu spüren, daß es mit den neuen Anforderungen und den eigenen Ängsten nicht alleingelassen wird. Vielfach ist es bei jüngeren Kindern möglich, daß ein Elternteil zusammen mit dem kranken Kind aufgenommen wird. Dieses wird auch als „Rooming-in" bezeichnet.

In den vergangenen zehn Jahren haben Elterninitiativen verstärkt darauf hingewirkt, daß es dem Kind möglich sein sollte, seine Eltern bei sich zu haben. Nicht jede Kinderklinik ist darauf eingerichtet, daß sie Mutter-Kind-Zimmer zur Verfügung stellen kann. In einigen Fällen ist eine solche Maßnahme auch aus medizinischen Gründen nicht möglich (z. B. Infektionsgefahr). Es werden aber dort, wo eine Mitaufnahme nicht möglich ist, alternative Lösungen angeboten, wie durchgehende Besuchszeiten oder eine Unterbringung in unmittelbarer Kliniknähe.

Es ist nicht nachteilig, wenn ein Elternteil und Kind nicht im selben Zimmer untergebracht werden können. Die Eltern müssen während der Behandlungszeit so viel Kraft aufbringen, daß sie unbedingt auch Erholungsphasen bedürfen. Das Übernachten im Krankenhaus ist aber oft mit einer gestörten Nachtruhe verbunden. Die ständige Konfrontation mit der Krankheitssituation und ungewohnte Geräusche während der Nacht führen oft schon nach kurzer Zeit zu Erschöpfung der Mutter oder des Vaters. Tagsüber sitzen die Eltern oft stundenlang am Krankenbett. Hinzu treten Belastungen durch das Mitverantworten von wichtigen Behandlungsentscheidungen, die Sorgen um den Rest der Familie daheim und möglicherweise finanzielle Schwierigkeiten. Für die Betreuungsperson des Kindes kann es deshalb durchaus sinnvoll sein, die Krankenhausumgebung einmal zu verlassen. Eine Unterkunft in der Nähe der Klinik bietet die Möglichkeit, Kraft zu schöpfen, einmal einen Spaziergang vor dem Schlafengehen zu machen und für kurze Zeit abzuschalten. Diese Form der kliniknahen Unterbringung wird von Kliniken und vielen Elternvereinen unterstützt.

Für die Eltern, die das kranke Kind während des Krankenhausaufenthaltes begleiten, ist es auch wichtig, daß sie auf ihre eigene körperliche Verfassung achten. Dies fängt bei der Bestuhlung im Krankenzimmer an und hört bei der Nachtruhe auf. Ist der Stuhl bequem genug, auf dem mehrere Stunden täglich zugebracht werden? Ermöglicht das Bett einen guten Nachtschlaf ohne Rückenschmerzen am Morgen? Können gymnastische Übungen einförmige körperliche Belastungen durch Sitzen und Stehen ausgleichen? Von der körperlichen Verfassung hängt auch das seelische Wohlbefinden in einem hohen Maße ab. Wer nicht richtig schlafen kann, weil die Matratze zu weich ist, kann auch am folgenden Tag nicht voll „einsatzbereit" sein.

In einigen Fällen fällt dem kranken Kind die Anpassung an die Klinikumgebung besonders schwer. Es reagiert mit Traurigkeit und Niedergeschlagenheit oder Weinen und versucht, die Mutter am Verlassen seines Zimmers zu hindern.

Die Besuchszeit war zu Ende, und Marcels Mutter zog den Mantel an. Da fing er an zu schreien und zu weinen. Alle Beteuerungen seiner Mutter, sie würde am nächsten Tag doch schon früh wiederkommen, halfen nichts. Marcel beruhigte sich nicht. Als die Mutter ihm sagte, daß es doch bald Abendessen geben und er bestimmt wieder seinen Lieblingspudding zum Nachtisch bekommen würde, schluchzte er nur, er würde sowieso nichts essen wollen. Nach zehn Minuten verließ die Mutter das Zimmer, ohne daß Marcel sich beruhigt hatte. Wie sie der Krankenschwester sagte, hatte sie ein schlechtes Gewissen, ihr Kind so zurückzulassen und daß sie sehr beklommen heimfahren würde. Marcels Schreien und Weinen begann jeden Tag wieder aufs neue, wenn die Mutter sich zum Gehen bereit machte. Einmal nun hatte sie in seinem Zimmer ihre Tasche liegen gelassen und wollte erst gar nicht umkehren. Da sich aber ihr Geldbeutel in der zurückgelassenen Tasche befand, ging sie dennoch zum Krankenzimmer zurück. Noch vor einer Minute hatte Marcel wie am Spieß geschrien, und jetzt schien alles ruhig. Als sie die Zimmertür öffnete, sah sie Marcel ruhig im Bett liegen. Als er sie jedoch erblickte, fing er erneut laut zu schreien an.

Das Verhalten des Kindes in unserem Beispiel stellte für die Mutter eine enorme Belastung dar. Dennoch wurde ihr erst sehr spät deutlich, daß sich ihr Sohn sehr wohl auch in ihrer Abwesenheit beruhigt und an die neuen Routinen im Klinikalltag anpassen kann. Das schlechte Gewissen und die Bekümmerung hatten die Mutter viel Kraft gekostet.

Wie kann dem Kind nun die kurzfristige Trennung von seinen Eltern erleichtert werden?

Auch hier gilt der Grundsatz: Lügen führt zu noch größeren Problemen und Mißtrauen! Also auf keinen Fall falsche Versicherungen und Versprechen geben, die im nachhinein nicht eingehalten werden können. Dem Kind gegenüber sollte also schon klargemacht werden, daß die Eltern am Abend wieder gehen müssen. Mit dieser Aussage muß aber immer eine für das Kind greifbare Hoffnung verbunden sein. So sollte genau besprochen werden, wann die Eltern am nächsten Tag wiederkommen. Bei jüngeren Kindern hilft vielleicht eine Farbuhr. Sinnvoll ist hier der Einbezug des Pflegepersonals auf der Station. Wenn diese die Farbuhr kennen, können diese dem Kind zeigen, wie lange es noch dauert, bis seine Eltern wiederkommen. Außerdem ist ein konsequentes Verabschieden wichtig. Für das kranke Kind muß es ersichtlich sein, wann Mutter und Vater gehen. So kann zum Beispiel eine wiederkehrende Abschiedsformel gesprochen werden („Schlaf gut heute nacht. Mama kommt morgen früh wieder"), die mit einem Kuß und einer Umarmung verbunden ist. Auch kann eine dem Kind gut vertraute Krankenschwester das Kind mit einem Puzzle oder einem Spiel beschäftigen, so daß keine dramatische Abschiedssituation aufgebaut wird. Sinnvoll ist es, immer zu einem festgelegten Zeitpunkt das Krankenhaus zu verlassen, der mit einer Klinikroutine verbunden ist (z. B. vor dem Abendessen).

Für kleine Kinder finden sich sehr viele angsterzeugende Dinge in der Klinik. Sie werden mit unbekannten Geräuschen und Gerüchen, furchterregenden Apparaturen und vielen fremden Gesichtern konfrontiert. Zu alledem müssen sie sich mit zeitweiligen Trennungen von ihren Eltern und mit Schmerzen auseinandersetzen. Dieses zu begreifen, ist für sie fast unmöglich. Je besser aber die Vorbereitung auf die Zeit im Krankenhaus und je vertrauter der Kontakt zu Ärzten und Pflegepersonal ist, desto besser wird sich das kranke Kind in die neue Situation hineinfinden und die Ängste schrittweise aufgeben bzw. bewältigen können.

Große Krankenhäuser erschweren häufig allen Betroffenen die Orientierung und den Aufbau von intensiven, vertrauensvollen Beziehungen. Zu häufig wechseln die Gesichter und nicht nur die kranken Kinder fragen sich wer nun eigentlich wer ist und welche Aufgaben hat. Universitätskliniken sind zudem Ausbildungskrankenhäuser. Zusätzlich zu dem Stationspersonal begegnet man also auch Medizinstudenten und Ärzten in der Weiterbildung sowie angehenden Krankenschwestern. Der Vorteil, daß dem Patienten hier eine Behandlung zuteil wird, die dem neuesten wissenschaftlichen Stand entspricht, wird leider oft durch die Anonymität der Behandlungseinrichtung in seinem Wert geschmälert. Die Eltern und betroffenen Kinder beklagen oft, daß ihre Bedürfnisse nicht gehört werden, daß ihnen feste Ansprechpartner fehlen und daß sie kaum Zeit genug haben, wichtige Fragen zu erörtern. Eine vertrauensvolle Beziehung zwischen Ärzten, Pflegepersonal und Familie ist jedoch unmittelbare Voraussetzung für eine erfolgreiche Zusammenarbeit in der Behandlung des Kindes. Nähe und Distanz sind dabei aber gleich wichtig. Nur ein Arzt, der eine gewisse Distanz zu Kind und Eltern behält, kann rational entscheiden. Dieses ist für die Eltern oft nur schwer nachzuvollziehen.

Aber nicht nur in der Beziehung der Familie zu den behandelnden Ärzten können Probleme auftreten. Schwierigkeiten ergeben sich auch im Kontakt zum Pflegepersonal. Dabei möchten wir besonders auf zwei Mißverständnisse hinweisen:

Erstens ist es möglich, daß die Eltern bemerken, wie sich Pflegekräfte weitgehend zurückziehen, wenn die Eltern beim Kind sind und diesen dann die Versorgungstätigkeiten überlassen. So kann aus Sicht der Eltern der Eindruck entstehen, ihr Kind würde nicht hinreichend pflegerisch betreut. Tatsächlich kann aber hinter dem Verhalten der Krankenschwestern die Absicht stehen, dem Kind so viel Vertrautes zuzugestehen wie möglich. Die Eltern übernehmen schließlich auch die Versorgungsaufgaben daheim, und das Kind ist daran gewöhnt. Das Stationspersonal tritt eben dann in Erscheinung, wenn bestimmte Tätigkeiten von den Eltern nicht ausgeführt werden können oder diese nicht anwesend sind. Sollte sich also der Eindruck einer unzureichenden Versorgung bei den Eltern einstellen, so sollte darüber mit dem Pflegepersonal gesprochen werden. Nur so können Mißverständnisse ausgeräumt werden.

Zweitens kann eine problematische Situation aus der Tatsache erwachsen, daß sich eine Pflegekraft in den Augen der Mutter „zu intensiv" um das kranke Kind kümmert. Dieses kann als ein Einbruch in die Privatsphäre erlebt werden. Eifersuchts- und Konkurrenzverhalten können dann einsetzen, wenn die Mutter fürchtet, ihre Rolle als Hauptbezugsperson des Kindes zu verlieren. Dieses Problem sollte ebenfalls in einem offenen Gespräch erörtert werden. Unter Umständen kann eine vermittelnde Kontaktperson das Gespräch unterstützen und leiten.

Auf der Station für rheumakranke Kinder und Jugendliche der Rheumaklinik Bad Bramstedt steht eine Kinderkrankenschwester zusätzlich als Ansprechpartnerin für Eltern rheumakranker Kinder und betroffene Jugendliche zur Verfügung. Sie vermittelt bei Bedarf nicht nur Kontakte im Selbsthilfebereich für den Zeitraum nach der Entlassung, sondern unterstützt die Familie in den einzelnen Phasen des stationären Aufenthaltes.

Wenn Pflegekräfte und Eltern offen miteinander umgehen, lernen beide Seiten etwas voneinander. Die Krankenschwestern erfahren etwas über die Besonderheiten des kranken Kindes, und die Eltern erhalten wichtige Erkenntnisse für die Weiterbehandlung und Versorgung des Kindes nach der Entlassung. Darüber hinaus können Aufgaben und Belastungen auf mehrere Schultern verteilt werden, und dem Kind bleibt das vertraute Umfeld erhalten, während es in der Klinikumgebung neue Erfahrungen mit anderen Menschen sammelt.

Daß sich ein Kind sicher und geborgen fühlt, hängt nicht nur von den Personen ab, von denen es umgeben ist, sondern auch von den Gegenständen, die sich gewöhnlich in seiner kleinen Welt befinden. Der Lieblingsteddybär oder die Puppe mit den Schlafaugen und seine Spielsachen vermitteln ihm ein Gefühl von Vertrautheit. Auch die Kleidung kann eine große Rolle spielen. Kann der Schlafanzug mit den Elefanten mit ins Krankenhaus? Die Eltern sollten darauf achten, daß ihr Kind alle unmittelbar wichtigen Dinge in die Klinik mitnehmen kann. Wie viele Kinder können ohne die Nähe ihres Lieblingsstofftieres nicht einschlafen. Aber auch Briefe von Freunden, Geschwistern und Klassenkameraden können Vertrautheit vermitteln. Das Gleiche gilt für die Bilder, die im Kindergarten oder im Kunstunterricht gemalt wurden und die bisher die Wände des Kinderzimmers zu Hause schmückten. Ältere Kinder hängen gerne Poster von Film- und Popstars oder Fotos von Freunden oder dem Haustier in ihrem Krankenhauszimmer auf. Nicht zu unterschätzen ist die Bedeutung des Kontaktes zur Außenwelt. Ältere Kinder sollten die Möglichkeit haben, von ihrem Zimmer nach außen zu telefonieren. Die Eltern können ihren Kindern dabei helfen, eine Liste der wichtigsten Rufnummern (Freunde, Klassenkameraden, Verwandte usw.) zusammenzustellen. Können die Mitschüler des kranken Kindes nicht in die Klinik kommen, so können sie vielleicht Briefe schreiben, Bilder schicken oder eine Kassette aufnehmen, die das kranke Kind dann in seinem Zimmer abhören kann. Letzteres kann als Anregung an den Klassenlehrer weitergegeben werden. In einer Schuldoppelstunde könnte das Klassenzimmer beispielsweise in ein „Radiostudio" umgewandelt werden. Neben der Auswahl von modernen Popsongs und der Lieblingsmusik des kranken Kindes könnten Witze und kleine Geschichten – vielleicht aus dem Schulalltag – erzählt werden. Unter Umständen ist es auch möglich, kleine Aufgaben in Form von Rätseln zu finden, die der kranke Mitschüler dann lösen muß.

Die Beschäftigung des Kindes im Krankenhaus ist weitgehend davon abhängig, inwieweit es aus dem Bett aufstehen und herumlaufen darf. Für bettlägrige Kinder gibt es eine Reihe von Spielen, Puzzles und elektronischen Geräten (z. B. Game-Boy), die für einen Zeitvertreib sorgen. Auch können „magische Schreibtafeln" zum Schreiben und Zeichnen Abwechslung bieten. Darüber hinaus verfügen größere Krankenhäuser auch über eigene Bibliotheken, aus denen sich die Kinder spannende Abenteuergeschichten und Hörspielkassetten ausleihen können. Es besteht auch die Möglichkeit, sich an örtliche Buchhändler zu wenden und diese nach geeigneten altersgemäßen Kinderbüchern zu fragen. In unserem Serviceteil haben wir einige Literaturempfehlungen abgedruckt, die sich allerdings vorrangig auf krankheitsbezogene Bücher beziehen. Der Fernseher auf dem Krankenzimmer gehört in größeren Krankenhäusern inzwischen zum Standardinventar. Probleme können jedoch bei der Fernsehdauer und Programmauswahl entstehen. Nicht nur, weil Eltern und Kind unterschiedlicher Meinung sind, sondern auch weil zwischen den Bettnachbarn unterschiedliche Interessen bestehen können.

Kinder, die sich frei auf der Station bewegen dürfen, können oft auch in ein spezielles Spielzimmer gehen. Hier finden sich alle möglichen Spielsachen, und eine Erzieherin steht als Kontaktperson zur Verfügung. Diese kann das Kind dabei unterstützen, im Spiel seine Krankheitserfahrungen auszudrücken. Im Puppenspiel können Ängste plötzlich ausgesprochen werden, über die das Kind bisher geschwiegen hat. Auch lernt das Kind im Spielzimmer oder Klinikkindergarten andere Kinder kennen und erweitert so seinen Sozialkontakt. Ältere Kinder und Jugendliche benötigen einen gesonderten Freizeitraum. Dieser ist oft mit einem Billardtisch und/oder Tischfußballspiel und einer Stereoanlage ausgestattet. Angeleitete Gruppengespräche können den Jugendlichen helfen, sich mit ihrer Krankheit auseinanderzusetzen. Zudem können gemeinsame Freizeitaktivitäten unter Aufsicht des Klinikpersonals ihr soziales Umfeld erweitern. In den Freizeiträumen sollten keine medizinischen Untersuchungs- oder Behandlungsmaßnahmen durchgeführt werden. Vielmehr sind diese als „Zufluchtsorte" anzusehen, die Abwechslung vom Klinikalltag bieten sollen.

Letztendlich sollte in der Klinik auch Schulunterricht möglich sein. Dieser kann je nach Belastbarkeit im Einzel-

oder Gruppenunterricht durchgeführt werden. Dies erlaubt oft eine später unproblematischere Wiedereingliederung in die Schulklasse am Heimatort.

Ein besonderes Problem ergibt sich, wenn die chronisch kranken Kinder in eine Spezialklinik verlegt werden müssen. Jetzt sind sie noch weiter von zu Hause entfernt und müssen sich an eine neue Umgebung gewöhnen. So lag das chronisch kranke Kind in der Akutklinik in einem Einzel- oder Zweibettzimmer. Nun muß es plötzlich ein Zimmer mit drei anderen Kindern teilen. Diese kommen zudem nicht unbedingt aus seiner Heimatgegend, sondern aus allen Teilen der Bundesrepublik. Die sterile Ruhe der Uniklinik ist auch verschwunden. Statt dessen tönt aus allen möglichen Richtungen Popmusik auf den Flur, und es herrscht ein wildes Treiben auf den Gängen und Zimmern. Das Essen wird nicht mehr wie bisher aufs Zimmer gebracht, sondern im gemeinsamen Speiseraum eingenommen. Diese neuen Erfahrungen können das Kind zunächst massiv erschrecken und die Trennung von den Eltern erschweren. Doch zumeist gewöhnen sich die Kinder nach einigen Tagen an die veränderte Umgebung. Sie erkennen auch, daß sich in einer derartigen Einrichtung wieder mehr Vertrautes und weniger Klinik finden läßt. So werden meist schnell Freundschaften geschlossen, und die Krankheit, die alle in dieser Klinik verbindet, wird zu einer neuen Normalität, die nichts Beängstigendes oder Außergewöhnliches mehr darstellt. Damit ist auch ein wichtiger Schritt zur Annahme und Auseinandersetzung mit der Krankheit getan.

Wie Kinder auf schmerzhafte und angstauslösende Eingriffe vorbereitet werden können

Chronische Krankheiten sind oftmals mit schmerz- oder angstauslösenden Untersuchungs- und Behandlungsprozeduren verbunden. Beispielsweise müssen Kinder mit Krebserkrankungen sich in der Regel wiederholt Rückenmark- oder Knochenmarkpunktionen unterziehen.

Die Lumbalpunktion, kurz LP, ist eine Methode zur Entnahme von Gehirn- und Rückenmarkflüssigkeit, auch Cerebrospinalflüssigkeit oder Liquor genannt. Mit dieser Methode wird das Vorkommen von Krebszellen im Rükkenmarkskanal und im Gehirn untersucht. Die Untersuchung selbst kann beim Kind Angst erzeugen, obwohl sie in vielen Fällen keine oder nur geringe Schmerzen hervorruft. Eine Nadel wird dabei in den Rückenmarkskanal zwischen zwei Wirbeln des unteren Rückenabschnittes eingeführt. Die Rückenmarksflüssigkeit wird auf Infektionen und Ausbreitung von Krebszellen untersucht. Dabei spielt die Färbung eine entscheidende Rolle. Normalerweise ist die Flüssigkeit nämlich ganz klar.

Der Patient liegt während der Untersuchung meist auf der Seite mit angezogenen Knien. Dadurch wird der Zwischenraum zwischen zwei Wirbelkörpern breiter, und der Einstich wird erleichtert. Zunächst wird ein Betäubungsmittel injiziert. Diese Maßnahme kann bereits beim Kind Unbehagen, aufgrund der zu verspürenden Druckempfindung, erzeugen. Weitere schmerzhafte Momente können sich ergeben, wenn die Punktionsnadel in den Rückenmarkskanal hineingeschoben wird und in dem Moment, wo die Flüssigkeitsentnahme erfolgt. Das Behandlungspersonal achtet meist darauf, daß die Prozedur so schnell wie möglich durchgeführt wird, um dem Kind unnötige Belastungen zu ersparen. Dieses setzt allerdings voraus, daß das Kind auf die Maßnahme nach Möglichkeit ausführlich vorbereitet wird. Insgesamt sollte sich das Kind nicht länger als fünf bis zehn Minuten im Untersuchungszimmer befinden.

Auch die Gelenke rheumakranker Kinder werden punktiert, um Schwellungen zu vermindern und um auf den Entzündungsprozeß einzuwirken. Kinder und Jugendliche zeigen je nach Alter und Vorerfahrung unterschiedliche Anstrengungen, dieses Ereignis zu meistern. Die spontane Bewältigung der unangenehmen Situation zielt auf eine Vermeidung bzw. Verzögerung des Geschehens oder auch eine gezielte Ablenkung von dem Ereignis. Da eine Punktion jedoch in der Regel unvermeidlich bleibt, beginnen viele Kinder, Informationen über das bevorstehende Geschehen zu erhalten. Sie fragen zum Beispiel nach der Dauer des Eingriffs, wer die Punktion vornehmen wird, ob ihre Eltern dabei bleiben können und vor allem danach, was sie spüren werden.

In diesem Zusammenhang soll noch einmal auf die Bedeutung von aufklärenden Gesprächen hingewiesen werden. Eltern und Ärzte sollten nicht dem Gespräch mit dem Kind ausweichen, wenn dieses das Bedürfnis hat, mehr über die bevorstehenden Maßnahmen zu erfahren. Es gibt allerdings auch Patienten, die Informationen gezielt meiden, da sie diese als angstverstärkend erleben. Wichtig ist hier zwischen Ablenkung und Vermeidung zu unterscheiden. In der Ablenkung kann der Versuch gesehen werden, besser mit dem Ereignis „Punktion" zurecht zu kommen. Vermeidung ist hingegen Ausdruck von Angst und Flucht. Kinder, die Informationen aus dem zuletzt genannten Grund nicht an sich herankommen lassen, geraten oft vor dem Eingriff in starke Angst, fangen an zu weinen und zu schreien. Sie begreifen oft erst in diesem Moment, daß ihr auf Vermeidung und Umgehung der Prozedur ausgerichtetes Verhalten nicht erfolgreich ist und haben keine Zeit mehr, sich auf die bevorstehende Situation angemessen einzustellen.

Informierte Kinder dagegen wissen über den Verlauf Bescheid und können sich entsprechend ablenken oder Maßnahmen ergreifen, die ihnen helfen, den Eingriff zu bewältigen. Dabei zeigen sich meist drei unterschiedliche Bewältigungsmuster:

- Das Kind setzt sich mit der Situation bewußt auseinander und reagiert auf alle möglichen Eindrücke.
- Das Kind verhält sich absolut passiv und erscheint unbeteiligt gegenüber dem, was mit ihm geschieht.
- Das Kind reagiert ausschließlich auf die Prozedur selbst.

Einige Kinder lenken sich ab, betrachten Gegenstände im Raum oder richten ihre Aufmerksamkeit auf Geräusche, die mit der Untersuchung oder Behandlung nichts zu tun haben; andere Kinder konzentrieren sich auf den Eingriff und die Vorgehensweise des Arztes. Wiederum andere Kinder werden von Gefühlen überwältigt, die sie gegenüber dem Behandlungsteam deutlich machen. So fangen sie beispielsweise an zu weinen oder wehren sich massiv gegen den Eingriff und müssen oft festgehalten werden.

Ältere Kinder lassen häufig jegliche offene Reaktion vermissen. Sie lassen die Prozedur schweigend über sich ergehen und wirken ruhig und verständig. Die unterschiedlichen Verhaltensweisen können auch in Verbindung miteinander auftreten. Es handelt sich dabei aber nicht um ein „entweder so oder so" Verhalten. Selbst wenn der Eingriff überstanden ist, zeigen die betroffenen Kinder keineswegs alle die gleichen Reaktionen. Einige versuchen, sich durch Schlafen zu entspannen, andere nehmen Spielzeug zur Hand, um sich nachträglich abzulenken, und wiederum andere wirken traurig und verstört.

Als Schlußfolgerung können wir festhalten: Wie Kinder einen schmerzhaften Eingriff bewältigen, ist von Kind zu Kind unterschiedlich. Deshalb ist es im Vorfeld einer Schmerzen verursachenden Maßnahme sinnvoll, etwas über das Bewältigungsverhalten des Kindes zu erfahren. Wenn dieses bekannt ist, können die jungen Patienten besser vorbereitet und begleitet werden. Wie können nun Ärzte und Eltern gemeinsam dabei helfen, daß das kranke Kind den notwendigen Eingriff angstfreier erlebt?

Die Vorbereitung des kranken Kindes und seiner Eltern erfordert an erster Stelle eine umfassende Aufklärung. Dabei sollten folgende Fragen beantwortet werden:

1. Warum ist die Maßnahme erforderlich? In welchem Zusammenhang steht die Untersuchung mit der Behandlung des Kindes? Welche Erkenntnisse lassen sich aus der Maßnahme gewinnen?
2. Was geschieht während des Eingriffs? Wie sieht der zeitliche Ablauf der Maßnahme aus? Wer ist daran beteiligt? Können die Eltern das Kind begleiten? Was können Eltern und Kind tun, damit die Prozedur schnell und ohne Schwierigkeiten überstanden wird?
3. Was wird das Kind spüren in den einzelnen Abschnitten der Prozedur? Gibt es Verhaltensweisen, die Schmerzen hervorrufen oder verstärken, und gibt es Verhaltensweisen, die die Schmerzen abschwächen?

Wie kann eine derartige Aufklärung nun praktisch aussehen?

Wenn nach der Diagnosestellung bekannt wird, daß bestimmte Untersuchungs- und Behandlungsmaßnahmen notwendig werden, die nicht nur mit Angst, sondern auch mit akuten Schmerzen für das Kind verbunden sein können, sollten Eltern und Kinder gemeinsam vom behandelnden Arzt zu einem ausführlichen Gespräch gebeten werden. Dem Kind wird dabei nicht nur deutlich gemacht, was wann wie getan werden wird, sondern auch gezeigt, wie andere Kinder in seinem Alter bisher mit dem Eingriff umgegangen sind. Möglicherweise kann ein anderer geeigneter Patient für die Teilnahme an dem Aufklärungsgespräch gewonnen werden, der die Situation aus seiner Sicht schildert. Die Untersuchungsmaßnahme wird in mehrere Abschnitte aufgegliedert: Die Zeit vor der Untersuchung, unmittelbar davor, während des Eingriffs und die Zeit danach. Dem Kind wird nicht nur erklärt, was es vermutlich fühlen wird, sondern auch gezeigt, wo seine Möglichkeiten liegen, die Maßnahme besser zu überstehen. Wichtig ist, daß hier an frühere Erfahrungen und Vorstellungen des Kindes angeknüpft werden kann. Der Patient sollte dabei selbst Wünsche äußern können, was er selbst, das Behandlungspersonal oder seine Eltern in der Situation machen sollen. Diese Gedanken sollten dann neben möglichen Ängsten und Befürchtungen in einem Behandlungsplan festgehalten werden. Darüber hinaus werden in diesem Plan die konkreten Situationen festgehalten, mit denen das Kind während des Eingriffs konfrontiert werden wird. Dahinter steht die Idee, daß Eltern und Kinder bereits im Vorfeld genau wissen, was auf sie zukommt und wie sie zusammen mit dem Klinikpersonal die Maßnahme am besten meistern können. In vielen Fällen hilft dieses Aufklärungsgespräch bereits, die bestehenden Ängste und Befürchtungen zu mindern.

Bei jüngeren Kindern ist es schwierig, an frühere Schmerzerlebnisse anzuknüpfen, da sie aufgrund ihres Lebensalters kaum über Schmerzerfahrungen verfügen. Diese Kinder können im Puppenspiel über die anstehende Prozedur aufgeklärt werden. Dabei führt eine Arztpuppe einen Dialog mit einer Patientenpuppe über das, was vor sich geht. Außerdem sollten bestimmte Verhaltensweisen mit Eltern und Kind eingeübt werden, die den Ablauf der Maßnahme erleichtern. Dabei ist auch an die Vermittlung von Techniken zur Angst- und Schmerzreduktion zu denken.

Haben Kinder früher bereits negative Erfahrungen gesammelt, so ist eine besonders behutsame Aufklärung notwendig. Dabei sollten die Kinder langsam an die Prozedur herangeführt werden. Erklärungen allein reichen nicht aus. Sie müssen ergänzt werden durch wiederholte Besuche im Untersuchungsraum, in dem schrittweise die Maßnahme demonstriert wird. Für angstauslösende Situationen können gezielt Bewältigungsmöglichkeiten eingeübt werden. Dabei handelt es sich um bestimmte Ablenkungs- und Entspannungsverfahren. Auch die Vermittlung von Atemtechniken kann es dem Kind erleichtern, den Eingriff zu meistern.

Doch was ist zu tun mit Kindern, die jeglicher Form von Information aus dem Weg zu gehen scheinen? Hier gilt es, zunächst herauszufinden, warum sie so reagieren. Liegen bei dem Kind bereits fehlerhafte oder lückenhafte Informationen vor? Hat es früher vielleicht eine schmerzerzeugende Situation erlebt und wurde es vorher falsch oder gar nicht darüber aufgeklärt? Zu fragen ist auch, wie die Eltern mit der anstehenden Maßnahme umgehen. Zeigen diese vielleicht ein ähnliches Vermeidungsverhalten, so ist es nicht verwunderlich, daß ihr Kind auch mit Vermeidung und großer Besorgtheit reagiert. In wissenschaftlichen Untersuchungen konnte gezeigt werden, daß sehr ängstliche Eltern ihre Kinder mit ihren Befürchtungen sozusagen „anstecken" können. Vielfach wird der Eingriff bis zuletzt dem Kind gegenüber verschwiegen, und während der Untersuchung sind viele dieser Eltern nicht in der Lage bei ihrem Kind zu sein, da sie selbst zu aufgeregt sind. Deshalb ist es wichtig, nicht nur ausführlich den bevorstehenden Eingriff zu besprechen, sondern den Eltern auch Techniken zu vermitteln, wie sie sich selbst beruhigen und entspannen sowie ihrem Kind sinnvoll beistehen können. Das Stationspersonal sollte zu den Eltern eine vertrauensvolle Beziehung haben und über mögliche Reaktionen im Bilde sein.

Möglichkeiten, dem Kind den Eingriff selbst zu erleichtern

Bevor der Eingriff durchgeführt wird, können mit dem Kind Entspannungsverfahren eingeübt werden. Diese verringern die Anspannung und die allgemeine Bewegungsunruhe. Das Kind lernt diese Übungen nach Bedarf einzusetzen, nämlich dann, wenn es unruhig, ängstlich und angespannt ist. Bei einem Muskelan- und -entspannungstraining (Progressive Muskelrelaxation) lernt der Patient, sich auf die An- und Entspannung bestimmter Muskeln zu konzentrieren. Dabei erlebt er, daß er selbst etwas dazu tun kann, daß die Anspannung nachläßt und er ruhiger wird. Damit können auch Atemübungen kombiniert werden. Beispielweise kann das Kind sich innerlich beim Einatmen sagen ‚Ich bin ganz ruhig!' und beim Ausatmen ‚Und ganz entspannt!' So erfährt es, wie es einen gleichförmigen und ruhigen Atemrhythmus erzeugen kann.

Wann mit einem Kind Entspannungsübungen durchgeführt werden können, hängt von seinem Alter ab. Im Schulkindalter sind die meisten Entspannungsverfahren problemlos anwendbar. Jüngere Kinder sprechen insbesondere gut auf Verfahren an, bei denen die Entspannung sozusagen von außen über Geschichten eingeführt wird. Zu bedenken ist hier, daß kleine Kinder eine kürzere Konzentrationsspanne haben und schneller ablenkbar sind. Die gewählten Entspannungsgeschichten sollten deshalb interessant und abwechslungsreich sein. Durch derartige Geschichten oder

Phantasiereisen wird direkt die Vorstellungskraft des Kindes angesprochen. Solch eine Geschichte kann mit einer Ruheanleitung beginnen, wie beispielsweise bei der Kapitän-Nemo-Geschichte:

„Stelle Dir vor, Du bist von Kapitän NEMO in sein Unterwasserboot NAUTILUS eingeladen worden. Ihr fahrt gemeinsam durch alle Weltmeere und seht sehr viele wunderschöne Dinge unter Wasser. Die schönsten Stunden sind immer die, wenn Kapitän NEMO Dich auf seine Unterwasserausflüge mitnimmt. Dazu ziehst Du einen speziellen Taucheranzug an. Er hat eine besondere Wirkung auf Dich; Du merkst nämlich schon beim Anziehen, daß Du vollkommen ruhig wirst. Zuerst steigst Du mit dem rechten Bein in den Taucheranzug. Du merkst und denkst: MEIN RECHTES BEIN IST GANZ RUHIG. Dann kommt das linke Bein dran. Auch das linke Bein wird ganz ruhig. Du denkst: MEINE BEINE SIND SCHON VOLLKOMMEN RUHIG. Du ziehst den Taucheranzug über den Po und den Rücken hoch. Dann schlüpfst Du mit dem rechten Arm in den Taucheranzug, und Du denkst: MEIN RECHTER ARM IST GANZ RUHIG. Du ziehst den linken Arm an, und er wird auch vollkommen ruhig. Du denkst: MEINE BEIDEN ARME SIND VOLLKOMMEN RUHIG. Du ziehst noch die Kapuze über den Kopf und machst den Reißverschluß vorne zu. Jetzt bist Du vom Taucheranzug rundherum eingehüllt und geschützt. Du fühlst Dich im Taucheranzug wohl, sicher und vollkommen ruhig. Zum Schluß ziehst Du noch die Schwimmflossen an, nimmst das Sauerstoffgerät auf den Rücken und setzt die Taucherbrille auf. Jetzt bist Du für den Unterwasserausflug mit Kapitän NEMO bereit."

Unmittelbar an die Ruheinstruktion schließt sich eine Schwereinstruktion an. So kann die Kapitän-Nemo-Geschichte folgendermaßen weitergehen:

„Nacheinander gleiten Kapitän NEMO und DU durch die Ausstiegsluke der NAUTILUS ins Wasser. Du landest weich auf dem feinen, weißen Sand des Meeresbodens. Heute will Dir Kapitän NEMO einen Unterwasserwald zeigen. Er führt Dich durch die Unterwasserwelt, in der es viele wundersame Tiere gibt, dorthin. Die Tiere schwimmen alle ruhig und sicher an Dir vorbei. Auch Dein Körper ist vollkommen ruhig und sicher.

Dein Körper ist im Wasser auch auf eine besondere Art angenehm schwer. Du merkst es zuerst bei Deinen Armen. Du merkst: MEIN RECHTER ARM IST GANZ SCHWER (zweimal wiederholen). Auch bei Deinem linken Arm stellst Du fest: MEIN LINKER ARM IST GANZ SCHWER (zweimal wiederholen). Du schwimmst ruhig und sicher hinter Kapitän NEMO her und denkst: MEINE ARME SIND GANZ SCHWER (einmal wiederholen). Endlich seid Ihr im Unterwasserwald angekommen. Dort wachsen Sträucher, die so groß sind wie die Bäume auf dem Land. Die Pflanzen des Waldes haben längliche Blätter, die nur nach oben wachsen, so, als wollten sie aus dem Meer herausschauen. In diesem Unterwasserwald gibt es viele bunte Fische, große und kleine. Manche sind dick, andere dünn und wieder andere flach. Die einen haben lange, die anderen kurze Flossen. Sie schwimmen durch den Unterwasserwald, als ob sie Versteck miteinander spielen würden. Es ist schön, so sicher und ruhig durch den Unterwasserwald zu schwimmen wie die Fische; und es ist angenehm, ganz schwere Arme zu haben. Dabei kribbelt und kitzelt es an den Fingerspitzen, als ob kleine Fische sanft daran schnuppern.

Kapitän NEMO gibt Dir ein Zeichen, daß Ihr zum Unterwasserboot NAUTILUS zurückkehren müßt. Ihr verlaßt den Unterwasserwald und schwimmt durch das helle, warme Wasser. Die Sonne scheint durch das leuchtende Wasser hindurch und alles erscheint Dir in leuchtenden, bunten Farben. Du freust Dich, daß ein paar Fische aus dem Unterwasserwald Euch noch ein Stück begleiten. Du denkst immer dabei: ICH BIN GANZ RUHIG, wie die Fische, und: MEINE ARME SIND GANZ SCHWER (einmal wiederholen). Da taucht das Unterwasserboot vor Euch auf. Ruhig schwer und sicher schwimmt Ihr darauf zu. Beim NAUTILUS angekommen, steigst Du durch die Luke in das Unterwasserboot hinein. Es ist so, als ob Du aus einem schönen Traum erwacht wärst. Du beugst und streckst Deine Arme, holst tief Luft, atmest wieder aus und machst die Augen auf."

(Die Entspannungsgeschichte wurde mit freundlicher Genehmigung dem Buch „Training mit aggressiven Kindern“ von Petermann & Petermann 1993 entnommen.)

Kapitän Nemos Unterwasserreisen sind nur ein Beispiel für Phantasiegeschichten, die Eltern sich ausdenken können. Orte, Personen und Gegenstände können wechseln. Anstatt eine Unterwasserwelt kann ebenso ein fernes Land oder ein fremder Planet entdeckt werden. Auch kann das Kind während des Erzählens aufgefordert werden, die Geschichte mit seinen Beschreibungen auszuschmücken. So können die Eltern fragen, welche Farben und Gegenstände es sehen, was es riechen und fühlen kann und natürlich, was es hören kann.

Wir können uns auch die Phantasiehelden der Kinder zunutze machen. So hören beispielsweise sehr viele Kinder Hörspielcassetten. Die dort auftretenden Figuren oder die aus Comicheften können wir auch in den Phantasiegeschichten einsetzen. Auch kann man dem Kind dabei helfen, in die Rolle eines Comicheldens (beispielsweise Superman oder Batman) zu schlüpfen, der ein Abenteuer zu bestehen hat und natürlich auch dabei verwundet wird. Es tut zwar weh, aber der „Kampf gegen das Böse“ kann dennoch fortgesetzt werden. Hier wird nicht vom Schmerz abgelenkt, sondern dieser wird in einen anderen Zusammenhang gestellt.

Auch kann kurz vor dem Eingriff mit einer Geschichte begonnen werden, um diese dann durch das Kind fortführen zu lassen. Dazu ist es aber wichtig, vorher mit dem Kind zu vereinbaren, daß das Kind der Geschichte zuhören und sich den Ausgang während der Prozedur überlegen wird.

Während die Punktion oder irgendein anderer Eingriff durchgeführt wird, bestehen noch andere Möglichkeiten, dem Kind die Bewältigung zu erleichtern. So kann seine

Aufmerksamkeit gezielt auf Ereignisse gelenkt werden, die mit der Untersuchungs- oder Behandlungsprozedur nicht in Beziehung stehen. So kann man beispielsweise das Kind Seifenblasen beobachten oder erzeugen oder es die Hand der Mutter einmal ganz fest drücken lassen, um zu sehen, wieviel Kraft es hat. Ältere Kinder können sich selbst dazu anleiten, ihre Gedanken zu stoppen und umzulenken, wenn diese sich auf die schmerzhafte Prozedur richten.

Wir haben bereits darauf hingewiesen, wie wichtig es ist, daß den Kinder das Gefühl vermittelt wird, den Verlauf der Prozedur kontrollieren zu können. So kann man sie beispielsweise fragen, ob Ärzte und Schwestern auch alles richtig machen und alles so geschieht, wie es vorher abgesprochen wurde. Einige Kinder erleben es zudem als erleichternd, wenn sie ihre Empfindungen beschreiben dürfen. Wenn das Kind sich an die vorher getroffenen Absprachen hält, sollte es dafür auch belohnt werden. Während der Prozedur sollte es bereits für sein kooperatives Verhalten gelobt werden. Im Anschluß kann man ihm eine ‚Trophäe' oder ein kleines Geschenk überreichen. Außerdem sollte seine Leistung noch einmal positiv herausgestellt werden. Durch das Loben und „Entlohnen" des Kindes sichert man sich seine Bereitschaft zur Zusammenarbeit mit den Ärzten auch in der Zukunft. Wichtig ist, daß die Belohnung auf jeden Fall erst im Anschluß an den Eingriff überreicht wird. Die Ankündigung, daß es eine Belohnung erwarten kann, wenn es die Maßnahme überstanden hat, kann allerdings schon vorher erfolgen. Auch kann das Kind während der Untersuchung daran erinnert werden, so daß seine Mitarbeit erhalten bleibt. Durch eine derartige ausführliche Vorbereitung des Kindes können viele Ängste gemindert werden. Dies ist besonders wichtig, da Angst die Schmerzen im Erleben des Kindes verstärken kann. Verringert sich die Angst, dann sind auch die Schmerzen leichter zu bewältigen.

Wenn Behandlungsvorschriften nicht eingehalten werden

Chronische Krankheiten erfordern in der Regel eine dauerhafte Behandlung mit Medikamenten, Krankengymnastik oder sonstigen speziellen Anwendungen. Deren Erfolg ist im wesentlichen davon abhängig, daß Behandlungsvorschriften nach strikten Vorgaben eingehalten werden. So sind für das asthmakranke Kind tägliche Inhalationen vorgeschrieben, der Diabetiker ist auf die regelmäßige Zufuhr von Insulin angewiesen, dem Krebspatienten werden in der Dauertherapie weiterhin Zellgifte (Zytostatika) verabreicht, und das rheumakranke Kind muß täglich sein krankengymnastisches Bewegungsprogramm absolvieren. Es gibt eine Reihe von unterschiedlichen Formen, Behandlungsempfehlungen nicht zu befolgen. Es handelt sich keineswegs nur um die Einhaltung von Medikamentenplänen und Therapierichtlinien, sondern auch um Untersuchungstermine und ärztliche Kontrollen. Äußere Bedingungen, wie Anfahrtsweg, Dauer der Kontrolluntersuchung und zu erwartende Wartezeit, spielen eine Rolle bei der Einhaltung von Arzt- und Krankenhausterminen.

Für die Durchführung von Behandlungsprogrammen bei chronisch kranken Kindern ist die Mitwirkung der Eltern notwendig. Nur wenn diese gut über die Ziele und die Form der Behandlung informiert sind und wissen, wie sie ihre Kinder unterstützen können, kann die Therapie erfolgreich sein. Die konsequente Einhaltung der Behandlungsempfehlungen wird erschwert durch die Tatsache, daß es sich um eine lebenslange Erkrankung handelt. Hinzu kommt, daß selbst eine optimale Einhaltung der therapeutischen Vorschriften keine Garantie für Gesundung und Wohlbefinden des Kindes bieten kann. Außerdem erfordert die meist umfassende Behandlung einer chronischen Krankheit eine Veränderung bislang gültiger Alltagsroutinen. Auch ergeben sich nicht unmittelbar spürbare unangenehme Folgen für den Patienten, wenn einmal ein Medikament nicht eingenommen wird. Diese treten möglicherweise erst zeitlich verzögert auf, und mit der Behandlung muß dann unter erschwerten Umständen und in einer höheren Dosierung erneut begonnen werden.

Kinder arbeiten dann in der Behandlung gut mit, wenn sie spüren, daß das, was sie tun, ihre Beschwerden lindert. Es ist für sie kaum zu verstehen, daß sie sich lästigen oder unangenehmen Behandlungen unterziehen müssen, die keine unmittelbare positive oder gar eine negative Wirkung auf ihr Befinden haben. Das Befolgen von therapeutischen Vorschriften ist also dann wahrscheinlicher, wenn diese ein wirksames Gegenmittel für eine aktuelle Bedrohung darstellen und mit erträglichem Aufwand durchzuführen sind.

Chronisch kranke Kinder und ihre Eltern stellen also eine Art „Kosten-Nutzen"-Rechnung auf. „Erträglicher Aufwand" bedeutet in vielen Fällen keine zusätzlichen Schmerzen, keine Nebenwirkungen und keine allzu starken Veränderungen des familiären Alltags. Je zahlreicher, umfangreicher und schwieriger die an eine Behandlung gebundenen Anforderungen sind, desto geringer erscheint im allgemeinen die Bereitschaft die ärztlichen Anordnungen strikt einzuhalten.

Fast bei allen chronischen Krankheiten müssen bisherige Alltagsregeln und Gewohnheiten aufgegeben und durch neue Routinen ersetzt werden. Ob es sich dabei nun um den Speiseplan, regelmäßige Arzt- oder Krankengymnastiktermine oder die Aufgabe einer Sportart handelt. Dazu ist nur derjenige bereit, der hofft, durch die neuen Vorschriften und Anordnungen seine gegenwärtige Lebenssituation zu verbessern. Was bestimmt aber nun die Nutzenerwartung eines chronisch Kranken und seiner Angehörigen? Im wesentlichen handelt es sich dabei um vier Aspekte:

1. Die eigene Erfahrung, den Krankheitsverlauf kontrollieren oder zumindest günstig beeinflussen zu können. Dieses ist nicht in jedem Fall unmittelbar ersichtlich, kann aber durch eine umfangreiche Aufklärung und weitergehende Hilfen verdeutlicht werden.
2. Die Beobachtung von anderen, die die gleiche Erkrankung haben und die durch die Einhaltung von ärztlichen Maßnahmen ihren Zustand verbessern konnten.
3. Den Erfahrungsaustausch; darin besteht das grundlegende Prinzip der Selbsthilfe.
4. Konkrete Unterstützung von anderen bei der Durchführung der erforderlichen Behandlungsvorschriften.

Auch wenn alle Anforderungen einsichtig sind, können diese so stark persönliche Freiräume einschränken, daß sie nicht befolgt werden. Beispielsweise fühlen sich jugendliche Diabetiker dadurch belastet, daß sie ihre Handlungen (also Einnahme von Mahlzeiten und körperliche Aktivität) stets auf ihre Stoffwechsellage abstimmen müssen.

Ob Behandlungsvorschriften eingehalten werden, ist auch davon abhängig, welches Krankheitsverständnis Kinder und Eltern entwickelt haben. Wie stellen diese sich die Krankheit vor? Sind sie angemessen über die Krankheit und die Wirkung von Behandlungsmaßnahmen aufgeklärt worden? Viele Informationen, die im Arzt-Patienten- oder -Elterngespräch gegeben werden, werden entweder gar nicht erst verstanden oder kurze Zeit später wieder vergessen. Die Gründe dafür sind vielfältig. Die Gespräche mit dem behandelnden Arzt sind oft gefühlsmäßig belastend, wodurch die Aufnahmemöglichkeit von Informationen einschränkt ist. Hinzu kommt, daß in der Regel die Zeit begrenzt ist und vom Arzt zu viele Auskünfte auf einmal gegeben werden. Möglicherweise drückt sich der Arzt auch nicht verständlich genug aus, so daß die Eltern oder das Kind ihm in seinen Ausführungen nicht folgen können. Abschließend möchten wir einige Fragen anführen, anhand derer überprüft werden kann, ob eine hinreichende Aufklärung über das Behandlungsprogramm durch den Arzt erfolgt ist:

1. Sind Ihnen Gründe genannt worden, warum bestimmte Medikamente eingenommen oder andere Behandlungsmaßnahmen durchgeführt und bestimmte Alltagsgewohnheiten aufgegeben werden müssen? Sind Ihnen die Wirkungen von Behandlungsmaßnahmen erklärt worden und welche Ziele damit verfolgt werden?
2. Wurde Ihnen ganz klar gesagt, was Sie und Ihr Kind in Zukunft selbst tun können, um die Behandlung zu unterstützen und den Krankheitsverlauf günstig zu beeinflussen?
3. Wurden Sie über Nebenwirkungen informiert, und konnten Sie mit dem Arzt über alternative Behandlungsansätze sprechen?
4. Hatten Sie während des Gesprächs das Gefühl, den Arzt alles fragen oder ihm gegenüber alles erwähnen zu können, was für Sie wichtig ist? Würden Sie das Gespräch als vertrauensvoll bezeichnen?
5. Hat der Arzt Sie auf weitere Informationsquellen hingewiesen und Ihnen schriftliches Material mitgegeben oder empfohlen, damit Sie das Gesagte noch einmal nachlesen können?
6. Hat der Arzt auch mit Ihrem Kind selbst gesprochen und es über die Behandlungsmaßnahmen und Veränderungen altersgemäß aufgeklärt?
7. Wurden Ihnen weitere Gesprächsmöglichkeiten angeboten?
8. Wurden nicht nur „Verbote" aufgestellt, sondern auch ausdrücklich „Gebote" für den zukünftigen Alltag Ihres Kindes formuliert?

Die Beziehung der Eltern zu ihren anderen Kindern

„Als wir auf dem Rückweg vom Krankenhaus waren, fiel mir auf, daß meine Tochter Anne ungewöhnlich schweigsam war. Ja, sie wirkte fast ein wenig fremd. Nicht nur mir gegenüber, sondern auch in bezug auf ihre Schwester. Ich hatte angenommen, sie wäre froh, daß es Katrin wieder so gut ginge. Aber sie verhielt sich ganz anders, als ich es erwartet hatte. Ich wartete auf irgendeine Gefühlsreaktion. Aber sie ging nur schweigend neben uns her. Hin und wieder warf sie einen Blick auf Katrin. Aber sie schaute ihr auch nicht direkt ins Gesicht, sondern blickte sie eher etwas verstohlen an. Sicherlich würde sich das mit der Zeit legen. ‚Schließlich war Katrin einige Wochen im Krankenhaus, und die beiden müssen sich erst wieder aneinander gewöhnen', dachte ich mir. An einem Morgen der darauffolgenden Woche fiel mir plötzlich diese Stille im Haus auf. Katrin hatte vor zwei Tagen wieder mit der Schule begonnen. Ich fand Anne im Badezimmer vor dem Spiegel. Die Tür des kleinen Schränkchens, in dem ich Katrins Medikamente aufbewahrte, war geöffnet. Anne blickte mich mit ernsten Augen an, während sie das kleine Fläschen mit den Tabletten in ihren Händen hielt. Leise sagte sie: ‚Mama, ich bin auch krank. Ich muß ganz bestimmt auch ins Krankenhaus, und dann kommst du und Papa mich jeden Tag besuchen. Genauso wie bei Katrin'."

Während der Klinikzeit wenden sich die Eltern naturgemäß stärker dem kranken Kind zu. Die Zuwendung wird dadurch automatisch intensiver auf das kranke Kind ausgerichtet. Diese Haltung kann von den Geschwisterkindern als Vernachlässigung und Abkehr erlebt werden. Dieser Zuwendungsverlust ist auch objektiv begründet, denn das kranke Kind benötigt die Eltern in dieser Zeit als Stütze, um mit Erkrankung und Behandlung zurechtzukommen. Insbesondere jüngere Kinder haben Schwierigkeiten, nachzuvollziehen, warum sie plötzlich nicht mehr so, wie sie es gewohnt waren, vor dem Schlafengehen noch eine halbe Stunde mit der Mutter herumschmusen dürfen und warum plötzlich keine Gute-Nacht-Geschichten mehr erzählt werden. Sie entwickeln vielleicht die Vorstellung, daß die Eltern sie nicht mehr beschützen können. Die Erkrankung des Bruders oder der Schwester sei für sie der beste Beweis dafür. Zudem wird die gesamte Zeit und Zuwendung für das kranke Geschwisterkind „aufgebraucht", so daß es sich eigentlich überflüssig vorkommt. Einsamkeitsgefühle können erwachsen, da sie sich allein zurückgelassen fühlen. Einige Kinder sehen in der Krankheit die Garantie, Zuwendung zu erhalten und beginnen sich einzureden, selbst krank zu sein. So berichtet eine Mutter: „Ich habe mich nicht mehr um Maik gekümmert und plötzlich klagte auch er über Atemnot. Es wirkte so echt. Genau wie bei seiner asthmakranken Schwester."

Andere Kinder geben sich selbst die Schuld an der Krankheit ihres Geschwisters. Ähnlich wie die kranken Kinder und die Eltern entwickeln sie in Abhängigkeit von ihrem Entwicklungsstand persönliche Vorstellungen über die Krankheitsursachen. Diese mögen zum Teil für Außenstehende und selbst für die Eltern nur schwer verständlich sein. So können diese aus zufälligen Ereignissen oder einem lückenhaften Wissen über die Krankheit resultieren. Beispielsweise kann ein Schuldgefühl entstehen, weil man neidisch auf die Schwester war. So sagt die siebenjährige Mara: Ich habe mir ein Fahrrad gewünscht, genauso eines wie es Sarah damals bekommen hat. Aber Mama hat gesagt, ich sei noch nicht alt genug. Da hab' ich mir vorgestellt, wenn Sarah nicht da wäre, könnte ich ihr Fahrrad kriegen. Jetzt ist sie im Krankenhaus. Das Fahrrad will ich gar nicht mehr. Nur Sarah soll wieder gesund werden."

Wir haben bereits davon berichtet, wie Kinder sich ihre Krankheit vorstellen. Je nach Alter und Entwicklungsstand sind sie in der Lage, die tatsächlichen Ursachen zu erkennen. Dieses setzt aber voraus, daß sie über das Krankheitsbild und seine Behandlung informiert werden. An die Art der Aufklärung müssen die gleichen Anforderungen gestellt werden, wie wir sie für die betroffenen Kinder selbst beschrieben haben. Ähnlich wie bei den Eltern, so liegen bei den Geschwistern oft schuldgeprägte, private Ursachenvorstellungen über die Krankheit vor. Wie in dem Beispiel gezeigt werden konnte, gründen diese auf Wissenslücken oder magischen Verbindungen von gleichzeitig aufgetretenen Ereignissen (z. B. der Wunsch, das Fahrrad zu bekommen, wenn die Schwester nicht mehr da wäre). Oft ist eine Krankheit für Kinder besser faßbar, wenn diese äußerliche Veränderungen mit sich bringt. So verliert diese viel von ihrem mysteriösen Charakter, wenn beispielsweise der durch eine intensive chemotherapeutische Behandlung eingetretene Haarverlust beobachtet werden kann. Die Krankheit wird nachvollziehbarer durch sichtbare Symptome. Wichtig ist auch, daß mit den daheimgebliebenen Kindern die Folgen der veränderten Familiensituation besprochen werden. Mutter und Vater reagieren oft gereizter als zuvor. Sie haben oft weniger Geduld als vor Ausbruch der Erkrankung und „explodieren" schon bei verhältnismäßig geringfügigen Anlässen. Es ist wichtig, daß die Eltern mit den Geschwistern über ihre Gefühle und Reaktionen sprechen. Sie sollten deutlich machen, daß sie nicht auf das Kind wütend oder von ihm enttäuscht sind, sondern daß es die Umstände sind, die es ihnen schwer machen, sich anders zu verhalten. Dieses ist besonders von jüngeren Kindern oft nur schwer nachzuvollziehen. Sie können noch nicht klar zwischen Situation und Person trennen. Dennoch sollten die Eltern in jedem Fall den Versuch unternehmen, mit dem Kind über ihre Gefühle und dem damit in Verbindung stehenden Verhalten zu sprechen. Unter Umständen kann ein solches Gespräch auch zusammen mit einem geschulten Berater durchgeführt werden. Ältere Geschwisterkinder müssen in der Regel aufgrund der Krankheitssituation neue Rollen innerhalb der Familie übernehmen, auf die sie kaum vorbereitet worden sind. Gegenüber ihren jüngeren Geschwistern nehmen sie die Funktion von „Ersatzeltern" ein. Ihnen obliegt dabei nicht nur das „Management" des häuslichen Bereiches, sondern sie müssen auch die emotionalen Lücken schließen, die sich durch die Aufmerksamkeitsbindung der Eltern an das kranke Kind ergeben haben.

Bleibt nur ein Kind zu Hause zurück, dann ergeben sich besondere Probleme. Die Eltern müssen für eine geeignete Betreuungsmöglichkeit sorgen. In der Regel wird das Kind zu Verwandten oder Freunden gegeben. In manchen Fällen läßt es sich nicht umgehen, daß das Kind an verschiedenen Orten abwechselnd untergebracht wird. Die Aussage des siebenjährigen Florians macht deutlich, wie diese Situation erlebt werden kann: „Dann kam Michaela ins Krankenhaus und wurde behandelt. Weil Papa den ganzen Tag arbeiten mußte und Mama bei Michaela im Krankenhaus war, mußte ich allein bleiben. Das war blöd und langweilig. Wenn Mama mich nicht in der Wohnung eingeschlossen hatte, brachte sie mich zu einer Nachbarin, die auch in unserem Haus wohnte. Da war es noch langweiliger, weil alle meine Spielsachen unten (in der anderen Wohnung) waren."

Die schulischen Leistungen, so zeigen verschiedene Studien, gehören zum weitgehend normalen Teil des Lebens der Geschwister chronisch kranker Kinder. Es gibt keine Belege dafür, daß sich die Schulnoten verschlechtern.

Bei den Beziehungen zu Gleichaltrigen sind in der Regel zwei Tendenzen zu beobachten: Entweder werden Freundschaften aufgegeben, was auch eine Folge der vermehrten Verantwortlichkeit für den Haushalt und weitere Kinder in der Familie sein kann. Oder es wird eine verstärkte Öffnung nach außen hin betrieben, die als Ausdruck für den Wunsch nach Ablenkung oder verständnisvoller Unterstützung sowie für die Befriedigung des Bedürfnisses nach Zuneigung gedeutet werden kann. Auch könnte man darin eine Flucht vor zu starren Lebenshaltungsvorschriften sehen, die angesichts der Erkrankung notwendig geworden sind (z. B. Mahlzeiteneinnahme des diabeteskranken Kindes).

Generell können sich informierte Geschwister besser in die Situation des kranken Kindes hineinversetzen und fühlen sich nicht in gleichem Maße vernachlässigt wie nichtaufgeklärte Kinder. Sie erleben die veränderte Familiensituation auch eher als eine Herausforderung an sich selbst. Als positive Entwicklungen sind hier vielfach ein gesteigertes Selbstvertrauen und eine erhöhte Selbständigkeit zu verzeichnen. Ältere Geschwisterkinder erweisen sich oft auch als gute und bedeutsame Partner für ihren kranken Bruder oder Schwester. So beschreibt eine junge rheumakranke Frau die Erfahrungen mit ihrer gesunden Schwester mit folgenden Worten: „Ohne Sabine wäre ich wohl nie 'raus gekommen. Sie hat mich wirklich überall hin mitgenommen. So habe ich das Leben kennengelernt, das für viele Gesunde in dem Alter selbstverständlich ist. In eine Disco wär' ich allein nie 'rein gegangen."

Wichtig ist allerdings, daß sich keine falsche Rücksichtsnahme oder übertriebene Selbstverpflichtung herausbildet. Diese basiert oft auf mangelnden Kenntnissen über die Krankheit und ist bei angemessen informierten Kindern kaum zu erwarten. Daraus können wir folgern, daß Geschwisterkinder, nachdem die Diagnose feststeht, ausführlich und altersgemäß über die Krankheit und Behandlung sowie die damit verbundenen Veränderungen informiert werden sollten. Wie bereits erwähnt, spielt die Anschaulichkeit der Information dabei eine große Rolle. Es empfiehlt sich, die Geschwisterkinder in das Krankenhaus mitzunehmen. So bleibt dieses kein fremder Ort für sie, an dem der Rest der Familie so viel Zeit verbringt. Auf Fragen der Kinder sollte ausführlich eingegangen werden und wenn möglich der Besuch auch vorher, nachdem dieser mit dem Arzt abgesprochen ist, mit dem Kind vorbereitet werden.

Auswirkungen der Krankheit des Kindes auf Ehe und Partnerschaft

Eine chronische Erkrankung beeinflußt selbstverständlich auch in vielerlei Hinsicht die Partnerschaft der Eltern. Die Beziehung wird sozusagen auf den „Prüfstand" gestellt. Die Belastungen und Anforderungen der Lebensgemeinschaft ergeben sich zum einen aus der veränderten Lebenssituation (z. B. Aufgabe der Berufstätigkeit der Mutter und tägliche Krankenhausbesuche) und sind zum anderen Folge der Bewertungen und Empfindungen (z. B. Angst, Niedergeschlagenheit) des Krankheitsgeschehen. Nicht selten erwächst daraus ein Dilemma: Einerseits benötigen die Eltern gerade in dieser Zeit die Unterstützung und die Nähe des Partners, um die Kraft zur Bewältigung der Situation aufzubringen, andererseits ist schnelles und umfassendes Handeln erforderlich, damit das Kind angemessen unterstützt wird, wodurch oft keine Zeit mehr für die Bedürfnisse der Eltern bleibt. Alle scheinen etwas von den Eltern zu verlangen. Es ist nicht nur das kranke Kind, sondern auch seine Geschwister, die Großeltern, Freunde und Verwandten, die Fragen stellen und wissen möchten, was vor sich geht. Es verwundert nicht, daß angesichts dieser Streßfaktoren die

Nerven der Eltern bis zur Grenze des Erträglichen angespannt sind. Der buchstäbliche „Geduldsfaden" reißt schneller und Vater und Mutter „fahren schneller aus ihrer Haut". In der Regel ist es die Mutter, die sich mit der Hauptlast und Verantwortung allein gelassen fühlt. Die Aufgabe der eigenen Berufstätigkeit, tägliche Besuche im Krankenhaus, wenn nicht gar dauerhafte Anwesenheit bei jüngeren, kranken Kindern, das Durchleben von vielen belastenden Momenten während der Behandlung und die Verrichtung der Alltagstätigkeiten sowie die Versorgung der übrigen Familienmitglieder lassen nicht selten das Gefühl entstehen, mit den Problemen vom Partner allein gelassen zu werden. Sie fühlt sich in ihren Bedürfnissen übergangen. Da kaum Zeit für ein ausführliches Gespräch zwischen den Partnern bleibt, entladen sich Vorwürfe oft spontan. Verspätet sich der Ehemann um wenige Minuten kann dies manchmal bereits zum Anlaß genommen werden, ihm deutlich zu machen, wie nachlässig er mit der Familie umgeht und daß alle Belastungen auf ihren Schultern ruhen. Die Mutter ist verletzt und empfindet, daß ihr Hände und Füße sprichwörtlich gebunden sind und sie den Belastungen nicht wie ihr Partner beispielsweise durch seine Berufstätigkeit entfliehen kann.

Heftige Auseinandersetzungen sind jedoch nicht nur negativ zu bewerten. Sie sind ein Ansatz, die eigenen Gefühle und Gedanken dem Partner mitzuteilen. Dieses ist oft besser, als sie zu verschweigen und aufzuschieben.

Im klinischen Alltag und auch in vielen Büchern zum Thema wird dem Vater oft nur die Rolle eines Statisten, einer Randfigur zugedacht. Vielfach wird ausschließlich die Rolle der Mutter beleuchtet und der Vater nicht selten als „sprachloser Drückeberger" dargestellt. In Untersuchungen konnte jedoch gezeigt werden, daß auch die Väter massiv unter der chronischen Erkrankung ihres Kindes leiden.

Das, was häufig gern als „Flucht in die Arbeit" gedeutet wird, drückt in der Regel Hilflosigkeit aus. Dem Vater als traditionell starkem Familienmitglied werden kaum Möglichkeiten einer psychologischen Unterstützung angeboten. Er findet vielfach kein Verständnis für seine Situation bei Arbeitskollegen und Freunden. Der Vater ist es vielleicht nicht gewohnt, mit anderen über Probleme zu sprechen. Objektiv bleiben ihm weniger Möglichkeiten, Fragen zur Erkrankung und ihrer Behandlung zu stellen, da er tagsüber seinem Beruf nachgeht. Um finanzielle Verluste auszugleichen, die durch die Aufgabe der Berufstätigkeit der Partnerin entstanden sind, muß er vielleicht zusätzlich Überstunden machen. Im Vergleich zur Mutter, die tagsüber in der Klinik ist, verfügt der Vater faktisch über weniger Informationen. Abends, wenn beide Elternteile in die gemeinsame Wohnung zurückkehren, sind diese oft erschöpft. Fragen werden nicht mehr gestellt. Zum Teil sicherlich auch aus Rücksicht auf die Partnerin, um diese nicht noch stärker zu belasten.

Viele Väter fragen sich auch, inwieweit die Krankheit das Familienleben insgesamt und in dauerhafter Weise verändern wird. Da keine Zeit für die eigenen Bedürfnisse und Gefühle bleibt, liegt auch die sexuelle Beziehung der Eltern oft brach, was für den Mann meist schwerer zu akzeptieren ist. Sexuellen Annäherungen von seiten ihres Partners begegnet die Frau in dieser Zeit oft mit Unverständnis, wenn nicht gar mit massiven Zurückweisungen und Vorwürfen. Sie empfindet ihr Bedürfnis nach Nähe und gefühlsmäßiger Unterstützung „mißbraucht". Angesichts der Vielfalt von Belastungen, die sich für beide Partner durch den veränderten Familienalltag ergeben, ist die Bedeutung eines offenen und ehrlichen Gesprächs groß. Es hilft nichts, dieses aufzuschieben, weil in der Zwischenzeit die Mißverständnisse sich auf beiden Seiten vergrößern.

Die Wege der Auseinandersetzung mit der Krankheit des Kindes sind bei beiden Elternteilen unterschiedlich. Es gibt hier kein „richtig" oder „falsch". Wie bereits dargestellt, gibt es zwar günstige und weniger günstige Formen, doch darüber hinaus gibt es eine Reihe individueller Verhaltensweisen, wie die Krankheit verarbeitet wird. Die „Krankheit" konfrontiert die Familie mit einer neuen Situation. Es ist also kein Vorwissen darüber vorhanden, wie der Partner oder die Partnerin damit umgeht. Ein gegenseitiges Verstehen in diesem neuen Lebensabschnitt ist also nur durch das Gespräch über die eigenen Gefühlen, Gedanken und Verhaltensweisen möglich. Unter Umständen kann ein Arzt oder Psychologe den Dialog der Eltern über die krankheitsbedingten Auswirkungen auf ihre Partnerschaft begleiten.

Angesichts der dramatischen Veränderungen, die eine Neuorientierung für die gesamte Familie bedeuten, stellt sich die Frage, ob die Scheidungsrate bei Eltern chronisch kranker Kinder höher ist als in Familien mit gesunden Kindern. Die Antwort darauf lautet „nein". Dieses kann sicherlich in gewisser Weise auf eine Art „Scheidungstabu" zurückgeführt werden. Eine Scheidung oder Trennung wird in Familien mit einem chronisch kranken Kind oft gar nicht erst erwogen, da die Versorgung des kranken Kindes zusammenbrechen würde. Organisatorische und finanzielle Zwänge halten eine Familie selbst in extremen Partnerschaftskrisen zusammen. Generell kann davon ausgegangen werden, daß die Belastungen einen „Prüfstein" für die elterliche Beziehung darstellen. Dieser wird entweder von beiden „getragen" oder ein Elternteil bleibt mit dieser Last allein zurück. Die Qualität der Beziehung kristallisiert sich klarer heraus. Viele Familien kommen gestärkt aus der Krise heraus. Eine Gefahr besteht jedoch für solche Eltern, die in der Krankheit ein neues „Thema" sehen, um so ihre ohnehin brüchige Beziehung zu retten. Entweder sie verhindern durch ihr Verhalten eine selbständige Entwicklung und Ablösung ihres chronisch kranken Kindes von den Eltern, um weiterhin den Bezugspunkt „Krankheit" in der Familie zu halten, oder sie werden von einer Besserung des Krankheitszustandes beim Kind förmlich „überrascht" und die Beziehung bricht verspätet auseinander.

Extremen Belastungen sind alleinerziehende Mütter oder Väter ausgesetzt. Sie sind mit der nahezu unmöglichen Aufgabe konfrontiert, Berufstätigkeit, Kindbetreuung und Haushaltsführung allein zu bewältigen. Zudem fühlen sie sich oft abhängig von Freunden, Bekannten, anderen Familienmitgliedern oder Kinderbetreuern, auf die sie notwendigerweise angewiesen sind. In einem solchen Fall ist eine ausführliche Sozialberatung wichtig, um alle möglichen verfügbaren Unterstützungsleistungen auszuschöpfen. Bei geschiedenen Paaren sei noch darauf hingewiesen, daß selbstverständlich beide Partner über Krankheit und Behandlung aufgeklärt werden sollten.

Die chronische Erkrankung verlangt von den Eltern in vielerlei Hinsicht einen Verzicht: Urlaub, Freizeit, Sport und Hobbies, Karriere, Berufstätigkeit der Frau, Kontakte zu Freunden und Bekannten, finanzielle Freiheiten, Zeit für die übrigen Kinder der Familie usw. Da verwundert es nicht, daß viele Eltern das Gefühl haben, vom Leben „betrogen" worden zu sein. Gefühle, wie Wut und Niedergeschlagenheit sind häufig. Diese werden jedoch oft zurückgehalten, da sie dem Entschluß zur gemeinsamen Bewältigung der Krankheit entgegenstehen; zudem wären sie mit Schuldgefühlen – dem Kind gegenüber – verbunden.

Nachdem die erste Behandlungszeit des Kindes überwunden und dieses wieder zu Hause ist, wird es für die Eltern wichtig, sich wieder auf die gemeinsamen Interessen und persönlichen Bedürfnisse zu besinnen. Ein chronisch krankes Kind benötigt keine andauernde Überwachung. Es sollte nicht wie unter einer gläsernen „Käseglocke" leben müssen. Auch kranke Kinder sollten Herausforderungen jenseits ihrer Krankheit erleben. Sie lernen sich und ihre Handlungsmöglichkeiten nicht richtig kennen, wenn sie stets von ihren Eltern und Bezugspersonen umgeben sind. Es müssen die Voraussetzungen für einen selbstverantwortlichen Umgang mit der Krankheit und ein selbständiges Leben geschaffen werden. So gewinnen auch die Eltern wieder Freiräume zur Ausgestaltung ihres eigenen Lebens.

Aber auch zwischen den Partnern können sich neue Konfliktfelder ergeben, wenn die akute Behandlungszeit überstanden ist. So äußert beispielsweise die Mutter den verständlichen Wunsch, wieder in ihren alten Beruf zurückzukehren. Oft haben die Väter Schwierigkeiten, dieses Bedürfnis nachzuvollziehen. Die Wiederaufnahme des Berufes durch die Mutter verändert die Familiensituation erneut. Es wird dabei übersehen, daß die Behandlung des Kindes inzwischen in eine andere Phase eingetreten ist und daß das Kind die Unterstützung der Eltern nicht mehr in so intensiver Weise benötigt. Die Väter haben sich an den gegenwärtigen Zustand gewöhnt. Für sie persönlich hat sich die berufliche Situation nicht verändert. Was die Aufgabe des Berufes für die Partnerin bedeutet hat, ist für sie insbesondere dann nicht ersichtlich, wenn über die mit diesem Schritt verbundenen Gedanken und Gefühle nicht gesprochen wurde. Das sollte spätestens zu diesem Zeitpunkt nachgeholt werden. Der Wiedereintritt der Frau in das Berufsleben kann ein wichtiger Beitrag sein, den familiären Alltag zu normalisieren.

Zum Umgang mit negativen Gedanken und Gefühlen

Die Bewältigung des Krankheitsgeschehens ist entscheidend davon abhängig, mit welchen Gedanken und Gefühlen wir die Situation zu meistern versuchen. Die Krankheit beherrscht gerade zu Beginn der Behandlungszeit nicht nur jegliches Handeln, sondern auch die Gefühle und Gedanken der Betroffenen. Oft hört man Sätze wie: „Ich bin unfähig, an überhaupt irgend etwas anderes zu denken." Jeder Versuch, sich abzulenken, scheitert. Wir können Gedanken nicht abstellen, aber wir können sie beeinflussen und verändern. Wir können ihnen eine andere Richtung geben. So können wir zwischen negativen oder nichthilfreichen und positiven oder hilfreichen Gedanken unterscheiden. Negative Gedanken sind in der Regel dadurch gekennzeichnet, daß sie nicht auf Tatsachen beruhen und global sind. Nehmen wir zum Beispiel die Aussage „Wir werden es nicht schaffen." In diesem Satz drückt sich Verzweiflung aus. Alles scheint auf die Familie einzustürzen. Es herrscht Hilflosigkeit. Sie weiß sich nicht zu helfen. Wir können die Gegenfrage stellen „Was glauben Sie nicht zu schaffen?" Schnell wird klar, daß dieses „was" eigentlich noch nicht genauer bestimmt wurde, daß alles als ein großes Ganzes gesehen wird, als ein schier unüberwindbares Hindernis. Zudem sind die Gedanken meist nicht neu. Auch vor Ausbruch der Erkrankung beim Kind mußten sich die Familienmitglieder mit kritischen Situationen (z. B. Arbeitslosigkeit, Partnerkonflikte, Schulschwierigkeiten, Erkrankung eines Angehörigen usw.) auseinandersetzen. Damals erschienen die Probleme ebenfalls unüberwindbar, aber irgendwie hatte man es „eben doch geschafft", damit zurechtzukommen. Wir möchten Sie aus diesem Grund einmal bitten, sich die folgenden Fragen zu stellen und sich damit eingehend auseinanderzusetzen:

1. Welche kritischen Situationen und Erlebnisse gab es vor der Erkrankung im Leben unserer Familie?
2. Wenn wir uns zurückerinnern, wie haben wir uns damals eigentlich gefühlt?
3. Welche Gedanken waren mit unseren damaligen Erlebnissen verbunden?
4. Was haben wir damals getan, damit es uns besser ging? Wie haben wir es angestellt, mit der Situation fertig zu werden?
5. Was hat uns damals am besten geholfen, um die kritische Situation zu meistern?
6. Was hat überhaupt nicht geholfen?
7. Im nachhinein haben wir damals gesagt, wir hätten dieses oder jenes anders machen sollen. Was hätte helfen können?
8. Wie können uns unsere damaligen Erfahrungen heute bei der Bewältigung der Krankheit unseres Kindes helfen?

Werden diese Fragen von jedem Familienmitglied gründlich durchdacht und beantwortet, dann wird die Kraft erkannt, die gemeinsam aufgebracht und der Krankheit entgegengesetzt werden kann. Dabei werden Bewältigungsmuster aus der Vergangenheit aufgedeckt, die unter Umständen auch für die gegenwärtige Situation nutzbar gemacht werden können. So wird sich die oben zitierte Aussage „Wir werden es nicht schaffen!" verändern zu einer realistischeren Einstellung, wie „Ich weiß, daß diese Operation schwierig wird, aber sie hat so vielen bereits geholfen, und auch wir können es schaffen." Die Krankheit wird als Herausforderung angenommen, und man konzentriert sich auf das jeweilige nächste Teilziel.

Ist dieses Teilziel erreicht, sollte sich die Familie dafür belohnen. Dabei kann es sich um Belohnungen ganz unterschiedlicher Art handeln. Entweder die Eltern entschließen sich zu einem Theaterbesuch – ohne schlechtes Gewissen, denn dieses ist die Belohnung für die Kraft, die sie zuvor erfolgreich eingesetzt haben und wieder einsetzen werden – oder die Familie plant einen Ausflug, vielleicht ein Wochenende bei den Großeltern. Es wird das Buch gekauft, das man schon lange lesen wollte, oder man gönnt sich einen Besuch beim Friseur. Die Möglichkeiten sind unendlich vielfältig.

Ein Teilziel ist auch erreicht, wenn negative Gedanken abgebaut werden konnten und eine kritische Situation dadurch besser überstanden wurde, ohne daß gleich ein erreichtes Behandlungsziel beim Kind damit verbunden ist. Selbst wenn Gefühle der Angst oder Bedrückung aufgetaucht sind, ist ein Versuch gemacht worden, ungünstige Gedanken in Zaum zu halten und alternative Denkanstöße einzusetzen.

Abschließend möchten wir Ihnen noch eine „Entspannungsübung für Ihre Gedanken" vorstellen. Das Gefühl, nicht mehr weiter zu können, erschöpft und verzweifelt zu sein und mit seinen eigenen Grenzen konfrontiert zu werden, haben viele Familien in der Anfangszeit der Behandlung. Verständlich ist der Wunsch, entfliehen zu wollen, aus dem, was da erlebt wird. So manch einer wünscht sich, daß da doch jemand vorbei kommen würde, der sagt „Wach' auf! Das war doch alles nur ein böser Traum." Doch niemand kommt. Die folgende Übung ist eine Phantasiereise. Eine Reise an einen Ort, an dem Sie Kraft schöpfen und sich entspannen können. An einen Ort Ihrer Wahl, an den Sie beliebig oft zurückkehren können. Wir möchten Ihnen empfehlen, die Entspannungsanweisung auf eine Kassette zu sprechen, vielleicht von einem Menschen, der Ihnen sehr nahe steht, zu dem Sie großes Vertrauen haben und dessen Stimme Sie als angenehm empfinden. Die nachfolgende Übung dauert ungefähr zehn Minuten. Nehmen Sie sich diese Zeit, und achten Sie darauf, daß Sie währenddessen nicht gestört werden.

Setzen oder legen Sie sich so bequem wie möglich – lassen Sie Ihren Körper die Position finden, die ihm behagt, wo Sie sich wohl fühlen können – Und für diese kurze Zeit können Sie alles, was um Sie herum vorgeht, und die Dinge, die Sie eben noch in Ihren Gedanken beschäftigt haben, – alles das einmal ganz unwichtig sein lassen, ganz bei sich und Ihrem Körper bleiben – und spüren, wie Sie sich entspannen können.

Und Sie spüren Ihren Atem – ein und aus – die Bewegung von Brustkorb und Bauch – die Anspannung beim Einatmen, das Entspannen beim Ausatmen und die Temperatur der Luft beim Einatmen und wenn sie wieder ausströmt – Spüren Sie Ihren Atem, der Brust- und Bauchraum füllt – Vielleicht können Sie beobachten, wie die Luft in die Lungen, in den Bauch bis hinunter ins Becken strömen kann – Spüren Sie das angenehme Gefühl, immer entspannter zu werden.

Und dabei können vor Ihrem inneren Auge Bilder, Szenen, Begebenheiten auftauchen, vielleicht etwas, wo Sie schon einmal waren oder etwas, wo Sie gerne einmal sein möchten oder auch etwas, das es nur in Ihrer Vorstellung gibt – und vielleicht sind es mehrere Bilder, die wechseln und an Ihrem inneren Auge vorbeiziehen – Und Sie können eines dieser Bilder festhalten, eines, von dem Sie spüren, daß Sie sich dabei wohlfühlen, daß es Ihnen dort gut geht – und Sie wollen sich Zeit nehmen für diese Vorstellung, diese Szene und alle Ihre Sinne benutzen und ganz dort sein – all die Ruhe, all die Kraft dieses Ortes in sich aufnehmen.

Und sehen Sie sich dort genau um, Formen, Farben, Lebewesen, vielleicht auch Gebäude – Sie können alles in Ruhe betrachten und all das Schöne und Angenehme mit Ihren Augen aufnehmen – und vielleicht hören Sie auch einmal – Geräusche, vielleicht Stimmen, vielleicht wird etwas gesprochen oder Musik – oder die vielfältigen Geräusche der Natur und der Umgebung, vertraut und angenehm – Und Sie spüren die Geborgenheit – und können auch riechen, vielleicht etwas ganz Besonderes – an diesem Ort – und der Geruch erinnert Sie, und Sie nehmen den Geruch in sich auf – genießen es, dort zu sein und zu sehen, zu hören, zu riechen und zu fühlen – auf Ihrer Haut, in Ihren Händen, unter Ihren Füßen, am ganzen Körper spüren und fühlen – und genießen, daß sich alles gut und angenehm anfühlt – und vielleicht auch schmecken – ein ganz bestimmter Geschmack, der sich in Ihrem Mund ausbreitet – ihn auskosten – und Sie können genießen, dort zu sein – zu sehen, zu hören, zu riechen, zu fühlen und zu schmecken – all das Wohlgefühl, die Kraft, die Stärke aufzunehmen und zu spüren.

Und sich dann allmählich von diesem Ort zu verabschieden – all diese Ruhe und diese Kraft und diese Stärke mit hierhernehmen – und jederzeit dorthin zurückkehren zu können, wann immer Sie es wollen – ein Gefühl, diesen Ort zu haben – sich Ruhe, Kraft und Stärke hierher, in den Tag, für Ihre Aufgaben zu holen – und sich etwas umzusehen und etwas hierher mitnehmen zu können – so wie man ein Souvenir mit sich nimmt, die Muschel, in der das ganze Meer auf einmal ist, an das man zurückkehren kann, sobald man sie am Ohr spürt, das Meer hört.

Und so können Sie wieder hierher zurückkehren – mit Ihrem Andenken – und sich klarmachen, wo Sie sich jetzt gerade befinden und Ihren Atem dann kräftig werden lassen, sich darauf vorbereiten, hier an diesem Ort, in diesem Raum die Augen wieder zu öffnen und dann wieder ganz hier zu sein.

(Übung entnommen aus: Jungnitsch, G.: Schmerz- und Krankheitsbewältigung bei rheumatischen Erkrankungen. Psychologische Hilfen im Einzel- und Gruppentraining. München, 1992)

Auch die dargestellte Übung ist ein Weg, positive Gedanken zu erzeugen. Darüber hinaus eröffnet sie die Möglichkeit, auch den Körper zu entspannen. Viele Eltern merken in der Regel, daß sich die Belastungen im Zusammenhang mit der Erkrankung des Kindes auch in körperlichen Beschwerden niederschlagen. Beispielsweise schmerzen die Schultern oder der Rücken, es treten Kopf- und Magenschmerzen auf. Es gibt eine Vielzahl von psychologischen Entspannungsverfahren, die hier nicht ausführlich abgehandelt werden können. Im Alltag wird jeder seinen persönlichen Weg zur Entspannung suchen müssen. Sie werden sicherlich auch einen „Ort der Ruhe und der Kraft" kennen. Vielleicht können Sie diesen nicht nur in Ihren Gedanken aufsuchen. Möglicherweise leben Sie in der Nähe des Meeres, eines Sees, eines großen Waldes oder einer Flußlandschaft. Vielleicht gibt es eine Bank in der Nähe einer von Ihnen geschätzen Umgebung, auf der man abschalten kann. Oder Sie bevorzugen einen ausgedehnten Spaziergang an Ihrem Lieblingsort, allein oder mit Ihrem Partner. Sie müssen dies entscheiden! Nehmen Sie sich die Zeit, auf diese Weise Kraft zu sammeln.

Die Zeit nach der Entlassung aus dem Krankenhaus

Wie die Umwelt auf die Erkrankung des Kindes reagiert

Chronische Krankheiten sind in ihren Folgen für die Umwelt des Betroffenen in unterschiedlichem Ausmaß sichtbar. Diabetes beispielsweise gilt als eine weitgehend „unsichtbare" Krankheit. Zahlreiche Familien und betroffene Kinder versuchen, den Diabetes zu verheimlichen. Dafür können ganz unterschiedliche Gründe angeführt werden. Viele wollen ihre Mitmenschen nicht mit den eigenen Sorgen und Nöten belasten. Die Verheimlichung hat jedoch Konsequenzen für das kranke Kind:

Zum einen wird es unter Umständen seine Krankheit unterschätzen und weiterhin versuchen so zu leben, wie in der Zeit als es noch nicht krank war. Damit setzt es sich aber Gesundheitsrisiken aus. Die Stoffwechselentgleisungen werden massiver und nahezu unkontrollierbar, wenn die Insulinzufuhr nicht regelmäßig auf die Alltagsbelastungen und die Ernährung abgestimmt wird. Die Umgebung konfrontiert den Betroffenen mit Anforderungen, die eigentlich nicht zu leisten sind, ohne daß eine gesundheitliche Überbelastung oder Gefährdung für das kranke Kind damit verbunden wäre. Das beginnt mit dem Anbieten von Speisen, die nicht auf den Diabetes abgestimmt sind und für das Kind in der Situation zur Herausforderung werden, da es seine Erkrankung nicht eingestehen will und kann. Aber auch andere chronische Krankheiten wie beispielweise die juvenile chronische Polyarthritis, die für das Kindesalter typische entzündlich-rheumatische Gelenkerkrankung, ist nicht immer für die Umwelt sichtbar. Das Gangbild ist nicht immer auffällig, Veränderungen an den Gelenken sind nicht generell zu erwarten und der Krankheitsverlauf an sich ist sehr variabel, so daß das Kind an einem Tag womöglich kaum das Haus verlassen kann und am darauffolgenden Tag die Treppen des Schulgebäudes herunterspringt.

Der vierzehnjährige Thomas leidet seit drei Jahren an einer entzündlich rheumatischen Erkrankung. Äußerlich sieht man ihm nichts an. Nichts Auffälliges unterscheidet ihn von seinen gleichaltrigen Freunden und Klassenkameraden. Jeden Morgen fährt er mit dem Zug zu seiner Schule, die in der 20 km entfernten Stadt liegt. Eines Morgens steigt eine ältere Dame zu ihm ins Abteil. Sie trägt einen schweren Koffer und blickt Thomas erwartungsvoll an, ihr damit behilflich zu sein. Der Junge tut so, als würde er dies nicht bemerken. Als die Dame merkt, daß er ihr offenbar nicht helfen möchte, wendet sie sich empört an eine andere Mitreisende und bittet diese, ihren Koffer in das Gepäcknetz zu befördern, da „die Jugend so etwas ja wohl nicht fertigbringen würde." Thomas ist frustriert. Er hätte ja gewollt, aber... Wie hätte er ihr erklären können, daß er an Rheuma leidet? Wahrscheinlich hätte sie das nur als freche Bemerkung aufgefaßt.

Wir müssen also Situationen unterscheiden, in denen die Erkrankung absichtlich aus Angst vor negativen Reaktionen seitens der Umwelt verheimlicht wird und solchen, in denen die Folgen der Krankheit nicht unmittelbar sichtbar sind.

Wenn Freunde, Bekannte oder Verwandte der Familie von der chronischen Krankheit des Kindes erfahren, reagieren diese häufig unsicher und distanzieren sich. Daraus können sich gravierende Mißverständnisse ergeben. So bedarf die Familie des kranken Kindes gerade jetzt vielleicht der gefühlsmäßigen und praktischen Unterstützung seitens ihrer vertrauten Umgebung. Der Rückzug der Angehörigen oder des Freundeskreises wird als enttäuschend erlebt. Auf der anderen Seite vermuten diese vielleicht gerade, daß die Familie nun ohnehin vielmehr Ruhe und Zeit für sich selbst benötigt, so daß zusätzliche Kontakte sicherlich weitere Belastungen darstellen können. Der unbefangene Umgang zwischen der Familie des betroffenen Kindes und dem Freundeskreis und den Verwandten ist einfach nicht mehr vorhanden.

Außenstehende wissen nicht, ob sie sich nach dem Befinden des Kindes erkundigen oder Hilfe anbieten sollen. Vereinzelt werden Ratschläge und Empfehlungen gegeben, die zwar gut gemeint sind, aber die Eltern des kranken Kindes nur noch zusätzlich verwirren. In Boulevardblättern und Zeitschriften werden immer wieder „Wundermittel" gegen eigentlich bisher nicht zu heilende Beschwerden angepriesen, die aber einer wissenschaftlichen Überprüfung nicht standhalten. Diese Form der „Hilfe" kann sogar für die Betroffenen gefährlich werden. Nämlich dann, wenn sich die Eltern in ihrer Verzweiflung auf diese Ratschläge einlassen und unter Umständen andere, wesentlich hilfreichere Behandlungsmaßnahmen mit dem Kind nicht durchführen.

Die Umgebung eines chronisch kranken Kindes ist natürlich auch neugierig. Diese Tendenz ist von der aufrichtigen Anteilnahme am Befinden der Familie zu unterscheiden. Vielfach genügt eine freundliche Antwort, wie zum Beispiel „die Behandlung des Kindes macht Fortschritte", ohne daß die Eltern ausführlich über den Zustand des Kindes berichten müssen. Es gibt jedoch auch Situationen, in denen Erklärungen nichts nützen und in denen Mißverständnisse und Unmutsäußerungen wie in unserem Beispiel von dem Betroffenen ausgehalten werden müssen.

Wer aufrichtiges Interesse signalisiert und Hilfe anbietet,

sollte weitergehende Informationen erhalten, denn von diesen Personen ist praktische Unterstützung zu erwarten, die notwendig werden kann.

In anderen Fällen müssen die Eltern andere Angehörige trösten, weil diese sich gefühlsmäßig stark von dem Schicksal des Kindes betroffen fühlen. Den Eltern fehlt meist die Kraft, auch noch gegenüber Verwandten Stärke zu zeigen. Freunde und Klassenkameraden des kranken Kindes zeigen oft ebenfalls ein ehrliches Interesse, etwas über die Krankheit und ihre Auswirkungen zu erfahren. Sie staunen nicht nur über Hilfsmittel, sondern beginnen auch spontan damit, diese auszuprobieren. Das ist häufig ein wesentlicher Schritt zur offenen Auseinandersetzung mit der Krankheit. Bei älteren Kindern und Jugendlichen, in einer Phase bei dem die Ideale „körperliche Gesundheit" und „Attraktivität" vermehrt im Vordergrund stehen, ist die Akzeptanz eines chronisch kranken Mitschülers unter Umständen problematischer. So kann es zu verletzenden Bemerkungen kommen, die das kranke Kind dazu bewegen, sich von Mitschülern und Freunden zurückzuziehen. Beispielsweise wird auf einer Party auf das veränderte Aussehen des kranken Kindes angespielt („Daß du dich hierher traust." oder „Was willst du denn hier."). Eltern erfahren meist erst nach Wochen von solchen Vorfällen, da ihre Kinder selbst darüber schweigen; zu stark ist die Betroffenheit. Gänzlich auszuschließen sind solche belastenden Erlebnisse nie, aber es kann ihnen in einem gewissen Grad vorgebeugt werden.

Die Eltern können den Lehrern und den Eltern der Freunde des kranken Kindes die Krankheits- und Behandlungsfolgen im Gespräch verdeutlichen. Diese können dann wiederum auf die Mitschüler oder Freunde des Kindes einwirken. Diese Gespräche sollten aber mit dem kranken Kind abgesprochen sein, sonst fühlt sich dieses übergangen. Gleichzeitig ist es wichtig, daß es einen selbstbewußten

Umgang mit seiner Krankheit erlernt. Für viele chronische Erkrankungen existieren bereits Schulungsprogramme, die durch Rollenspiele auch Selbstvertrauen und selbstsichere Verhaltensweisen angesichts kritischer Situationen trainieren.

Generell gilt, je mehr Offenheit im Umgang mit der Krankheit gezeigt wird, desto leichter ist es auch seinen Mitmenschen deutlich zu machen, was von diesen erwartet wird. Ein erster Schritt ist sicherlich, die Neugier anderer neu zu bewerten und darin zunächst ein aufrichtiges Interesse zu sehen. Dieses klingt weniger negativ und schafft die Voraussetzungen für einen Austausch. Vielleicht suchen die Betroffenen dann zuerst das Gespräch und eröffnen den Dialog. So können sie selbst die Begegnung mit ihrer Umwelt steuern und dem Gegenüber mitteilen, wie er sich am besten verhalten und welche Hilfen er anbieten kann. Dieses macht deutlich, daß die Familie des kranken Kindes die Reaktionen der Umwelt auch selbst aktiv steuern kann und diesen nicht nur hilflos ausgeliefert ist.

Wenn das kranke Kind in die Schule zurückkehrt

Die Wiederaufnahme des Schulunterrichts ist ein wichtiger Schritt auf dem Weg zur Normalisierung des familiären Alltags. Angesichts mehr oder minder längerer, krankheitsbedingter Abwesenheit und mit dem Bewußtsein, daß sich vieles verändert hat, seitdem sie das letzte Mal die Schwelle des Klassenzimmers überschritten haben, fürchten sich viele Kinder vor ihrem ersten Tag in der alten Schulklasse. Werden mich meine Mitschüler, so wie ich bin, akzeptieren? Werden sie verstehen, was mit mir geschehen ist? Werden sie mich hänseln, wegen meines veränderten Aussehens oder weil ich nicht mehr so wie früher beim Sport mitmachen kann? Was ist, wenn sie nicht begreifen können, daß ich nicht mehr so schnell laufen kann, daß ich mehr Pausen brauche? Ich muß einen Rollstuhl, Gehstützen oder eine Schreibhilfe benutzen. Werden sie mich deshalb auslachen? Ich muß mich vor dem Essen spritzen und meinen Blutzucker messen. Was werden sie wohl tun, wenn sie das sehen? Und wie werden mich die Lehrer behandeln? Wissen die eigentlich, was mit mir los ist? Hoffentlich denken die nicht, daß ich einfach keine Lust hab', wenn ich nicht am Sport teilnehme. Wahrscheinlich hagelt es jetzt nur noch schlechte Noten, wo ich nicht mehr so schnell schreiben kann wie früher.

Die Liste ließe sich noch weiter fortsetzen. Deutlich wird, daß sich mit der Krankheit zahlreiche Konsequenzen für den schulischen Alltag ergeben haben. Unsicherheiten und Ängste bestehen dabei nicht nur auf seiten des Kindes, sondern auch bei Lehrern und Mitschülern. Diese reagieren nicht selten mit hilflosem Schweigen oder mit den vielleicht vom kranken Kind bereits befürchteten Hänseleien. Mangelnde Informiertheit über die Erkrankung und die sich daraus ergebenden Folgen sind hier als Ursache zu sehen. In einigen Fällen sind die Krankheitsfolgen nicht deutlich sichtbar. Sie äußern sich eher in indirekter Weise. So kann das kranke Kind aufgrund seiner medikamentösen Behandlung schneller ermüden, es kann sich unter Umständen schwerer konzentrieren oder bestimmte Handlungen nicht so schnell wie seine Mitschüler ausführen. Wissen Lehrer und Schüler nicht um diese Auswirkungen, so kann es zu fatalen Fehleinschätzungen kommen. So zu tun, als sei nichts geschehen, als habe sich nichts verändert, ist keine Lösung; so wird das kranke Kind wahrscheinlich nur überfordert. Andererseits soll übertriebene Rücksichtnahme und ein mitleidgeprägtes Verhalten in bezug auf den kranken Schüler vermieden werden. Lehrer und Mitschüler empfinden oft Ratlosigkeit, wie sie mit der neuen Situation und dem Kind umgehen sollen. Es sind nicht nur die Informationen über seine Erkrankung und Behandlung, die Ihnen fehlen, sondern auch Hinweise auf konkrete Handlungsmöglichkeiten. Was kann ich selbst tun? Die Eltern, die das Kind während seiner Krankenhaus- und Behandlungszeit begleiteten, haben den Wandel miterlebt. Nicht selten haben aber auch sie Schwierigkeiten, das Ausmaß der Veränderung im Alltag abzuschätzen oder zu erfassen. Vielfach werden Problemfelder auch erst nach dem Wiedereintritt in das Alltagsleben deutlich. Die Eltern sollten jedoch in einem Gespräch mit dem Lehrer so weit wie möglich versuchen, die eingetretenen Veränderungen zu verdeutlichen. Dabei sollten die Auswirkungen auf den schulischen Bereich im Vordergrund stehen. Im folgenden werden einige ausgewählte Problemfelder angesprochen.

Rückkehr in die alte Schulklasse, Rückversetzung und Schrägversetzung

Nach längerer krankheitsbedingter Abwesenheit vom Unterricht mag die Frage auftauchen, ob das Kind leistungsmäßig überfordert wird, wenn es in die alte Schulklasse zurückkehrt. Hier stehen die Lehrer, die Eltern und das betroffene Kind selbst vor einer schweren Entscheidung. Das Kriterium „Schulleistung" ist dabei nur eines von vielen. Daneben gilt es zu berücksichtigen, was es für das Kind persönlich bedeutet, in einer anderen Klasse neu zu beginnen. Womöglich sogar auf einer anderen Schule. Rückversetzungen können vom Kind falsch aufgenommen werden, in dem es sich nämlich im wahrsten Sinn des Wortes „zurückgesetzt" fühlt. Unter Umständen werden dadurch Selbstzweifel und negatives Selbstbild nur noch verstärkt.

Andererseits kann sich auch die Entscheidung für ein Verbleiben in der alten Schulklasse in ähnlicher Weise auswirken. Erntet das kranke Kind nur Mißerfolg und vergleicht sich dabei mit seinen Mitschülern, dann können auch hier Selbstzweifel auftreten. In jedem Fall empfiehlt es sich, die Entscheidung über die weitere Schullaufbahn gründlich zu überdenken. Dabei sollte dieses Thema nicht nur mit den Lehrern, sondern auch mit dem Kind besprochen werden. Eine Entscheidung sollte erst getroffen werden, nachdem alle Seiten gehört wurden. Bei dem Entschluß, das Kind in seiner alten Klasse zu belassen, sollte deutlich gemacht werden, daß es sich dabei zunächst um einen Versuch handelt. Mit dem Kind sollte der Fall besprochen werden, daß es nicht sofort an die Leistungen vor der Erkrankung anknüpfen kann. Rückschläge sind zu erwarten, sind aber nicht unüberwindbar. Bei chronisch kranken Kindern empfehlen Ärzte in der Regel einen guten Schulabschluß, damit zu einem späteren Zeitpunkt viele Berufswege offen stehen, zwischen denen der Betroffene wählen kann. Damit aber kein Mißverständnis auftritt: So bedeutsam die schulische Ausbildung auch sein mag, sie sollte weder bei Eltern noch bei den Kindern zu „übertriebenem Ehrgeiz" führen. Damit ist gemeint, daß dem Kind die gleichen Entwicklungschancen zur Verfügung stehen müssen wie gesunden Kindern. Es muß genauso spielen und sich mit Freunden treffen können sowie seine Freizeit haben wie Gleichaltrige. Die Schule darf, auch wenn sie eine noch so wichtige Rolle spielt, nicht neben der medizinischen Behandlung zum ausschließlichen Bestandteil im Leben des Kindes werden. Rückversetzungen in eine untere Klassenstufe oder Schrägversetzungen auf eine andere Schule (z. B. vom Gymnasium auf die Realschule) werden nicht selten als neue Katastrophe erlebt. Eine Versetzung sollte als Chance begriffen werden, das Versäumte wieder aufzuholen und an das alte Leistungsniveau anzuknüpfen. Auf diese Weise ist ein Fortschreiten im schulischen Bereich gewährleistet.

Der Schulweg

Der Schulweg, der vor der Erkrankung problemlos beschritten werden konnte, kann dem Kind nun unter Umständen Schwierigkeiten bereiten. So ist es möglicherweise auf eine Fahrmöglichkeit angewiesen. Deshalb sollten öffentliche Verkehrsmittel zunächst auf ihre Beförderungstauglichkeit geprüft werden. Ist das Kind beispielsweise auf einen Rollstuhl angewiesen, so muß geprüft werden, ob es damit auch mit Hilfen von Eltern oder Mitschüler die Schule erreichen kann. Die Infektionsgefährdung krebskranker Kinder läßt Eltern möglicherweise davor zurückschrecken, ihr Kind mit Bus oder Bahn zur Schule fahren zu lassen. Der Transport zur und von der Schule sollte auf jeden Fall genau geplant werden. Wie gelangt das Kind zum Unterricht und wieder nach Hause zurück? Benötigt es Unterstützung? Wer kann die erforderlichen Hilfestellungen leisten? Sollen Therapiezeiten mit dem Schulbesuch kombiniert werden (z. B. während der Sportstunde oder im Anschluß an den Unterricht), so ist ebenfalls zu fragen, wer den Transport und die Begleitung gewährleistet.

Krankheitsvorstellungen – Die Angst der Mitschüler vor Ansteckung

Wenn bekannt wird, ein Mitschüler ist krank, so denken die meisten Kinder zunächst an das, was sie selbst schon einmal erlebt haben: Erkältung, Übelkeit, Masern, Scharlach, Windpocken, vielleicht auch eine Blinddarmentzündung. Mit „Kranksein" wird häufig auch die Vorstellung verbunden, sich anstecken zu können. Die chronischen

Krankheiten, die wir in diesem Buch vorstellen, weisen aber keineswegs eine Anstekungsgefahr auf. Dieses sollte den Mitschülern unbedingt verdeutlicht werden. Sonst meiden sie unter Umständen den chronisch kranken Schüler aus Unkenntnis und Angst. Gleichzeitig sollte der Klasse verdeutlicht werden, was eine „akute" von einer „chronischen" Krankheit unterscheidet. Die Medizin, die eine Erkältung heilt, ist für chronische Erkrankungen noch nicht erfunden. Die Tatsache, daß die Kinder wieder in die Klasse zurückkehren, deutet nicht darauf hin, daß sie nun wieder gesund sind, sondern lediglich, daß sie nun in der Lage sind, mit der Krankheit zu leben.

In der Schule

- *Wer hilft dem kranken Kind in der Schule?*
  Ist die Schule erst einmal erreicht, so muß geklärt sein, wer dem Kind bei Bedarf behilflich sein kann. Wer begleitet es beispielsweise beim Wechsel zwischen den Klassenräumen? Wer hilft ihm beim Transport von Schulbüchern und Schultasche? Die Situation in der Schule sollte zunächst genau daraufhin analysiert werden, wo Hilfen erforderlich sind und in welcher Weise die Unterstützung geleistet werden soll.

- *Welche Pausenregelungen sollten vereinbart werden?*
  Besondere Regelungen müssen hinsichtlich der Pausen erfolgen. Beispielsweise kann es erforderlich sein, daß ein Diabetiker mehrere kleinere Mahlzeiten einnehmen muß. In der Regel läßt sich dieses mit den offiziellen Pausen abstimmen. Bei Abweichungen müssen jedoch zusätzliche Pausenmöglichkeiten vorhanden sein. Für bewegungseingeschränkte Kinder sollte die Möglichkeit bestehen, während der Pausen im Klassenraum zu blei-

ben. Ähnliches gilt für Kinder, die infektionsgefährdet sind oder eine Allergie haben. Rheumakranke Kinder sollten Nässe und Wind meiden und nicht bei regnerischem Wetter auf einen kalten Pausenhof hinausgeschickt werden.

- *Welche besonderen Regelungen sollten für Klassenarbeiten getroffen werden?*

Die medikamentöse Behandlung des Kindes kann in einzelnen Fällen zu Konzentrationsschwächen des Kindes führen. Einzelheiten, zum Beispiel welches Medikament, welche Nebenwirkungen hat, sollten mit dem Arzt durchgesprochen werden. Mehrstündige Klassenarbeiten erfordern jedoch ein konzentriertes Arbeiten an einer Aufgabe. Hier gilt es in Absprache mit dem Lehrer, Regelungen zu finden, die die krankheits- bzw. behandlungsbedingten Mängel in der Aufmerksamkeit ausgleichen. Denkbar wäre eine großzügigere Zeitvorgabe mit kleineren Pausen zwischendurch. Gleiches gilt auch für Kinder, die aufgrund körperlicher Beeinträchtigungen nicht in der Lage sind, in dem gleichen Tempo zu schreiben wie ihre Klassenkameraden. In solchen Fällen sollte auch der Einsatz von Hilfsmitteln in Erwägung gezogen werden. So können zum Beispiel elektrische Schreibmaschinen, Computer mit Textverarbeitungsprogrammen, Diktiergeräte, Schreibgeräte mit Griffverdickungen Erleichterungen darstellen. Welche technischen Hilfen sinnvoll im schulischen Bereich eingesetzt werden können, kann mit dem behandelnden Arzt und gegebenenfalls mit Ergotherapeutinnen sowie anderen an der Behandlung des Kindes Beteiligten besprochen werden. Sollten derartige Regelungen getroffen werden, so sind die Mitschüler über den Grund dieser Ausnahme zu informieren, damit sie darin keine bevorzugte Behandlung sehen. Werden die besprochenen Maßnahmen auch in den Unterricht eingeführt, können sich nicht nur die Klassenkameraden, sondern auch das betroffene Kind rechtzeitig daran gewöhnen.

- *Ist eine medizinische Notfallversorgung in der Schule gewährleistet?*

  Zur Grundlage einer medizinischen Notfallversorgung zählt die Aufklärung der in einer solchen Situation möglicherweise Beteiligten über das, was passieren kann und was daraufhin zu tun ist. Im einzelnen handelt es sich dabei um die Beantwortung der folgenden Fragen:

1. Was kann einen medizinischen Notfall herbeiführen?
2. Woran kann man eine Notfallsituation im gegebenen Fall erkennen?
3. Was ist in welcher Reihenfolge zu tun?
4. Wer kann die Hilfe am besten leisten?
5. Wie kann geholfen werden?
6. Wann muß ein Arzt hinzugezogen werden?
7. Wann ist die Krisensituation erfolgreich bewältigt?
8. Was ist anschließend zu tun?

In der Folge möchten wir diese Fragen am Beispiel eines elfjährigen diabeteskranken Schülers und seines Lebens beantworten.

„Maik fiel plötzlich vom Stuhl. Ich dachte nur ‚Mein Gott, jetzt ist es passiert.' Zum Glück hatte mich Maik über seine Krankheit aufgeklärt. So wußte ich, was bei einer Unterzuckerung zu tun war. Nicht gleich den Notarzt rufen, hatte er mich gebeten. Auch hatte er mir gesagt, daß da immer mindestens drei Päckchen mit Traubenzucker in seiner Jackentasche waren. Sofort stürzte ich also zu seiner Jacke und – richtig, in der rechten Tasche fand ich den Traubenzucker. Ich öffnete erst ein Päckchen und schob ihm ein Stück in den Mund. Nach eine Weile ein zweites. Ich merkte, wie er wieder zu sich kam. Er bat mich dann, ihm auch noch die Banane zu reichen, die er in seiner Schultasche hatte. Nach einer Weile erholte er sich. Der Schultag war zwar so gut wie gelaufen für Maik, aber die Krise haben wir gut gemeistert, wie er mir später versicherte."

Die oben angeführten Fragen und das skizzierte Beispiel beziehen sich auf die Rolle von Lehrern und Mitschülern angesichts einer medizinischen Notfallsituation. Gleichzeitig ist aber auch das Verhalten des betroffenen Kindes zu betrachten. Dabei ist wichtig, daß es offen mit seiner Erkrankung umgeht. Es sollte auf Fragen eingehen und nichts verschweigen bzw. keine falschen Informationen geben.

Tritt ein medizinischer Notfall ein, dann sollte dieser im nachhinein nicht durch peinliches Schweigen übergangen, sondern angesprochen werden. Das bedeutet nicht, daß nun ausführlich diskutiert werden muß, sondern vielmehr, daß das betroffene Kind und seine Mitschüler für das Geschehene Worte finden. Es handelt sich dabei um gemeinsam Durchlebtes. Das betroffene Kind sollte nicht mit seinen Gedanken und Gefühlen allein gelassen werden.

- *Welche baulichen Hindernisse gibt es in der Schule und wie kann der Klassenraum erreicht werden?*
  Angesichts körperlicher Behinderungen kann die Mobilität des Schülers mehr oder weniger stark eingeschränkt sein. Sind in der Schule längere Wegstrecken zwischen den einzelnen Unterrichtsräumen zurückzulegen, die zudem in unterschiedlichen Stockwerken liegen, können daraus Probleme erwachsen. Selbst wenn ein Fahrstuhl vorhanden ist, bedeutet das nicht automatisch, daß ihn der Schüler auch benutzen kann. Dabei ist nicht nur an die baulichen Voraussetzungen des Lifts (z. B. Türbreite; Höhe des Bedienungspanels), sondern auch an die Nut-

zungsmöglichkeit zu denken. In vielen Schulen kann nur der einen Fahrstuhl benutzen, der auch über die dazugehörige Fahrstuhlkarte verfügt. Die Notwendigkeit der Liftbenutzung sollte mit dem zuständigen Klassenlehrer besprochen werden. Ebenso sollte im Gespräch mit dem Lehrer abgeklärt werden, wer dem Kind notwendige Hilfestellungen beim Umzug in einen anderen Raum geben kann. Dabei sollten die Eltern sich möglichst schon im Vorfeld des Schulbesuchs mit den örtlichen Gegebenheiten auseinandersetzen. Im Gespräch mit dem Kind können die zu erwartenden Schwierigkeiten angesprochen und nach Lösungsmöglichkeiten gesucht werden.

Besondere Anforderungen ergeben sich für asthma- und allergiekranke Kinder. So sollte nach Möglichkeit auf staubfreie Kreide zurückgegriffen, Außenbekleidung nicht mit in den Klassenraum genommen und auf Tiere im Unterricht verzichtet werden. Für Raucher in der Schule sind bestimmte Raucherräume einzurichten.

Welche Regelungen sind für den Sportunterricht zu treffen?

Petra, dreizehn Jahre, ist an juveniler chronischer Polyarthritis erkrankt. Noch vor einem halben Jahr war sie die Beste ihrer Klasse im Sportunterricht. In ihrer Freizeit ist sie meistens ihren Hobbies Volleyball und Turnen nachgegangen. Zeitweise hat sie bis zu viermal wöchentlich im Sportverein trainiert. Dann kam die Krankheit dazwischen. Zunächst verspürte sie starke Schmerzen im rechten Knie, es schwoll an und schmerzte insbesondere bei Belastungen. Am Anfang dachte sich Petra nicht viel dabei. Sie reduzierte das Training auf zwei Tage in der Woche, schließlich setzte sie beim Volleyballspielen ganz aus. Die Schmerzen wurden nicht weniger, im Gegenteil: Inzwischen begann auch das linke Knie weh zu tun und anzuschwellen. Nachdem ihre Mutter lange Zeit auf sie eingeredet hatte und nach erfolglosen Selbstbehandlungsversuchen, rang sich Petra schließlich durch und suchte einen Arzt auf. Damals dachte sie noch „Gut, ich setze halt ein wenig aus. Wenn die Zerrung, oder was auch immer das ist, verschwunden ist, fang ich mit dem Training wieder an. Dumm halt, daß das jetzt so kurz vor den Spielen um den Aufstieg passieren mußte." Zu dem Zeitpunkt weiß Petra noch nicht, daß sie nie mehr Leistungssport betreiben können wird. Nach einem dreimonatigen Aufenthalt in verschiedenen Krankenhäusern kehrt Petra wieder nach Haus zurück. Jetzt weiß sie, was ihr fehlt: alles! Die Diagnose hat ihr einen massiven Schlag versetzt. All das, wofür sie sich bisher eingesetzt hat, scheint in Frage gestellt zu sein. Es scheint ihr unmöglich zu begreifen, daß sie keinen Sport mehr machen darf. Nicht einmal den Schulsport hatte ihr der Arzt mit auf den Weg gegeben. „Springen, laufen verboten -- alles, was die Gelenke zu stark belastet, also alle Stauch- und Stützbewegungen sollen vermieden werden", hatte er gesagt. Petra ist niedergeschlagen!

Wie oben verdeutlicht, dürfen einige Kinder zeitweise oder dauerhaft nicht mehr am regulären Sportunterricht teilnehmen. Die Gründe dafür sind sehr unterschiedlich (Infektionsgefahr, körperliche Überanstrengung, Fehlbelastung, Verletzungsgefahr). Kinder reagieren sehr unterschiedlich, wenn sie gesagt bekommen, daß sie am Sport nicht mehr oder nur eingeschränkt teilnehmen dürfen. Wie Petra fühlen einige zentrale Lebensinhalte in Frage gestellt. Andere fürchten die Reaktionen der Klassenkameraden und haben Angst davor als „Schwächling" zu gelten. Wiederum andere, denen der Sportunterricht ohnehin nie Freude bereitet hatte, können die Erleichterung über die Nachricht nicht verhehlen. Im allgemeinen kann man jedoch sagen, daß die Herausnahme aus der Klassengemeinschaft während der Sportstunden belastend auf die Kinder wirkt. Deshalb sollten die Eltern verschiedene Dinge im Vorfeld abklären.

Im Gespräch mit dem behandelnden Arzt:

1. Ist jede Form der körperlichen Betätigung strikt verboten, oder gibt es sportliche Möglichkeiten, die dem Kind weiterhin offen stehen, und in welchem Umfang dürfen diese ausgeübt werden?
2. Muß die Teilnahme am Schulsport generell unterbleiben, oder gibt es Bedingungen, unter denen eine Teilnahme wieder denkbar ist? Wie sehen diese Bedingungen aus?
3. Handelt es sich um ein endgültiges „Urteil" oder nur um eine vorläufige Empfehlung?
4. Was kann dem Kind als Tausch für den Sport angeboten werden?

Im Gespräch mit dem Klassen- und Sportlehrer:

1. Ist es möglich, daß das betroffene Kind nur an einzelnen, leichteren Übungen teilnimmt?
2. Kann das Kind die Sportstunde für therapeutische Maßnahmen nutzen (z. B. Krankengymnastik, Arztbesuch)?
3. Muß das Kind während des Sportunterrichts zusehen, oder gibt es andere Beschäftigungsmöglichkeiten (z. B. Erledigung der Hausaufgaben)?

Sollten Regelungen mit der Schule getroffen werden, so gilt es immer, das Kind daran zu beteiligen und dessen Situation im Auge zu behalten. Beispielsweise kann es für ein Kind belastend sein, leichte Übungen im Sportunterricht durchzuführen, dabei aber nicht die gleichen Herausforderungen erleben zu dürfen, die es früher im Leistungssport empfunden hatte. So wird seine Sonderrolle nur noch verstärkt und ihm vor Augen geführt, was nicht mehr geht. In diesem Fall wäre es ratsamer, das Kind ganz vom Sportunterricht zu befreien. Ein anderes Kind kann wiederum froh darüber sein, daß es weiterhin am Sport teilnehmen darf, wenn auch mit vermindertem Einsatz. Die Situation des Kindes im Einzelfall entscheidet, welche Lösung zu einem gegebenen Zeitpunkt die beste ist. Eine einmal gefundene Lösung sollte bei variablem Krankheitsgeschehen stets auf ihre aktuelle Gültigkeit hin überprüft werden.

Was ist bei Schulausflügen zu bedenken?

Ein Schüler erinnert sich: „Als der Klassenlehrer an diesem Morgen das Klassenzimmer betrat, ahnte ich noch nichts. Freundlich uns anschauend, verkündete er: ‚Es ist mal wieder soweit. Nächsten Monat haben wir unseren Schulwandertag, und wir sollten uns jetzt gemeinsam überlegen, was wir an diesem Tag unternehmen wollen. Hat jemand eine Idee?' Ich weiß noch, wie Kai sich meldete und sagte ‚Wir können ja 'ne Radtour machen.' Unser Lehrer nickte, klatschte kurz in die Hände und meinte, daß dies eine ausgezeichnete Idee sei. Dann unterhielt man sich angeregt über das Ziel der Radtour. Ich fühlte mich unbeteiligt. Ich würde es auf keinen Fall schaffen, eine größere Strecke mit dem Rad zurückzulegen. Ich war einerseits froh, daß sie mich nicht bemerkten, als ich einfach so da saß, andererseits spürte ich die Enttäuschung. Wie konnten sie so etwas tun? Sie wissen doch alle, daß ich unmöglich so weit mit dem Rad fahren kann. ‚Michael, was sagst du denn zu unserer Idee?' Ich hörte die Stimme des Lehrers erst nur undeutlich, doch dann fragte er mich erneut. Ich bekam kein Wort heraus. Dann wurde es still in der Klasse, denn jedem wurde plötzlich klar, daß der geplante Ausflug so nicht mit mir zu machen war. ‚Es geht nicht', sagte da auch schon Thomas. ‚Nein', hörte ich es leise, ‚Michael kann ja nicht radfahren.' ‚Ihr könnt ja ohne mich fahren', kam es zögerlich und wenig überzeugend von mir. Wir haben dann keinen Ausflug mit dem Rad gemacht, und ich fühlte mich saumäßig."

Das Beispiel unterstreicht auch die These, daß das schulische Umfeld von der Erkrankung des Kindes mitbetroffen ist. Für den kranken Schüler ist die Tatsache, nicht an allen Aktivitäten teilnehmen zu können, oftmals nicht das Schlimmste. Kränkungen erwachsen meist dann, wenn er sich bei den Planungen übergangen fühlt. Werden Schulausflüge geplant, so sollten die Bedingungen formuliert werden, unter denen auch der kranke Mitschüler daran teilnehmen kann. Nachstehend eine Zusammenstellung von Fragen, die Eltern und Kind beantworten sollten.

1. Wie lange soll der Schulausflug dauern? Sind Übernachtungen eingeplant?
2. Welche Ziele werden mit dem Ausflug angestrebt (gemeinsame Freizeitaktivität, Informations- bzw. Bildungsausflug, Sportveranstaltung)?
3. Welche Schwierigkeiten können während eines Schulausflugs, einer Klassenreise auftreten (z. B. Anfallssituation, Bewegungsbeeinträchtigungen)?
4. Unter welchen Bedingungen kann das kranke Kind an dem Ausflug teilnehmen (z. B. regelmäßige Pausen, Vorhandensein von baulichen Voraussetzungen, technischen und personellen Hilfen)?
5. Worauf sollten Lehrer, Mitschüler und vor allem das betroffene Kind selbst achten (z. B. regelmäßige Medikamenteneinnahme, medizinische Notfallversorgung)?

Wie Eltern sich auf das Gespräch mit dem Lehrer vorbereiten können

Wir geben noch einige allgemeine Anregungen für das Eltern-Lehrer-Gespräch:

1. Bevor das Gespräch mit dem Lehrer gesucht wird, sollten die Eltern mit dem behandelnden Arzt und anderen Fachkräften in Kontakt treten, welche die Situation chronisch kranker Kinder im allgemeinen und des Betroffenen im speziellen genau kennen. Darüber hinaus kann auch eine Unterredung mit dem Krankenhauslehrer, der das Kind während seines letzten stationären Aufenthaltes betreut hat, und mit Vertretern von Elterngruppen, die ihre Sichtweise auf der Grundlage eigener Erfahrungen schildern können, von Nutzen sein.
2. Des weiteren erscheint es durchaus sinnvoll, eine Checkliste zu erstellen, die all jene Gesprächspunkte umfaßt, die mit dem Klassenlehrer behandelt werden sollen (z. B. Aufklärung der Mitschüler, technische Hilfen, Pausenregelung, Schulausflüge).
3. Eltern sollten sich genau überlegen, wen sie für den geeigneten Ansprechpartner halten. Ist dies der Klassenlehrer, der Direktor, der Vertrauenslehrer oder der Sportlehrer? Die Auswahl des Ansprechpartners ist abhängig vom Ausmaß seiner Vertrauenswürdigkeit und Sensibilität sowie seinem Kontakt zu Kollegen und Schülern. Letzteres erscheint bedeutsam, soll der Lehrer die Information an seine Kollegen und die Mitschüler des kranken Kindes weitergeben. Dabei sind im wesentlichen folgende Punkte zu berücksichtigen:

- Den Klassenkameraden muß dargestellt werden, was mit ihrem kranken Mitschüler in der Zwischenzeit geschehen ist. Dabei ist das betroffene Kind aktiv einzubeziehen. Beispielsweise kann der Klassenlehrer eine Stunde darauf verwenden, daß das Kind genau berichtet, wie Krankheit und Behandlung bisher abgelaufen sind. Einige Kinder mögen selbst nichts erzählen, dann sollte der Lehrer diese Aufgabe in Absprache mit Eltern und Kind übernehmen. Dieses kann bereits geschehen, bevor das kranke Kind in seine Klasse zurückkehrt.
- Der Lehrer sollte betonen, daß sich abgesehen von der Krankheit nichts verändert hat. Dabei muß er deutlich machen, daß man sich nicht beim kranken Kind anstekken kann. Den Schülern muß mitgeteilt werden, daß das kranke Kind keine Sonderbehandlung will. Die Schüler können das kranke Kind unterstützen. Nicht mit übertriebener Rücksichtnahme, nicht mit falsch verstandenem Mitleid, sondern durch praktische Hilfsangebote. Dieses sollte deutlich gemacht werden. Das kranke Kind selbst sollte die Möglichkeit haben, mitzubestimmen, wer es unterstützt und in welcher Weise diese Hilfe geleistet wird.

Es sollten nach Möglichkeit auch die Lehrer der Geschwister des kranken Kindes informiert werden. Auch wenn es keine Hinweise auf ein Absinken der Schulleistungen von Geschwistern chronisch kranker Kinder gibt, sollten Lehrer über die notwendigen Hintergrundinformationen verfügen. Es ist denkbar, daß Geschwisterkinder während des Unterrichts unkonzentriert erscheinen oder leicht reizbar sind und insgesamt in ihrem Verhalten verändert wirken (z. B. trauriger Gesichtsausdruck; schnelles Weinen). Geschwister körperbehinderter Kinder sind unter Umständen das Ziel von Hänseleien in der Pause oder auf dem Heimweg. Wenn so etwas beobachtet wird, sollte der Lehrer die Ursachen kennen und in der Lage sein, darauf zu reagieren.

Wie der Wohnbereich für kranke Kinder gestaltet werden sollte

Das Kind wird aus dem Krankenhaus entlassen. Es kehrt nach Hause zurück, in seine gewohnte Umgebung. Doch das, was einmal so vertraut war, erscheint nun auf einmal in einem ganz anderen Licht. Mit der Krankheit haben sich Veränderungen ergeben, die eine Wiedereingewöhnung in das Zuhause erschweren. Da sind die Treppen des Mietshauses, die nun vielleicht nicht mehr ohne Hilfe überwunden werden können. Die Türen sind zu schmal für den Rollstuhl, auf den das Kind nun angewiesen ist. Das Bett ist zu niedrig und die Matratze zu weich, der Badewannenrand zu hoch, der Wasserhahn zu schwer zum Aufdrehen... Diese Auflistung möglicher Veränderungen ließe sich beliebig fortführen.

In vielen Sprachen wird „wohnen“ mit „leben“ gleichgesetzt. Dort, wo „wohnen“ nicht möglich ist, gilt „leben“ als behindert. Ein Kind benötigt angemessene Wohn- bzw. Lebensbedingungen, um sich zu entwickeln. Kinder begreifen ihre Umgebung als Herausforderung an das eigene Können. Das Bedürfnis, entdecken zu wollen, die eigenen Grenzen zu erweitern, ist die Voraussetzung, um sich als wirksam handelnde und eigenständige Person zu begreifen.

Bei chronisch kranken Kindern schauen wir zunächst auf ihre Krankheit. Erst in einem zweiten Schritt wird uns oft bewußt, daß es sich ja auch um Kinder handelt, die sich entfalten wollen. Entwicklung ist dort möglich, wo die Umgebung eines Kindes bedürfnisnah gestaltet ist.

Bedürfnisnah heißt, den Wunsch des Kindes nach Erforschung seines Umfeldes und Erschließung der sozialen und dinglichen Welt zu berücksichtigen. Bedürfnisnah heißt auch, die Barrieren und Hindernisse, die einer solchen Lebenserkundung entgegenstehen, überwindbar zu gestalten. Das heißt nicht, daß die Umgebung des Kindes ohne Herausforderungen sein soll. Eine solche Welt ist wirklichkeitsfremd und führt dazu, daß seine Selbständigkeit eingeschränkt wird. Wo es nichts zu entdecken gibt, findet kein Lernen statt. Ein „optimales Funktionieren" innerhalb des häuslichen und weiteren sozialen Umfeldes vermittelt dem Kind ein Ordnungs- und Sicherheitsgefühl und schafft die Überzeugung, hier zu Hause zu sein.

Es ist viel darüber geschrieben worden, wie Wohnungen für ältere Menschen oder erwachsene Rollstuhlfahrer umgestaltet werden können. Diese Erfahrungen auf den Bereich chronisch kranker Kinder mit funktionellen Behinderungen zu übertragen, ist unangemessen. Kinder haben andere Bedürfnisse und sind in der Entwicklung begriffen. So sind Kleinkinder fast ausschließlich auf den Nahbereich der Familie beschränkt. Ältere Kinder entwickeln Kontakte jenseits der Familie in Schule und Freundeskreis.

Die Eltern eines chronisch kranken oder körperbehinderten Kindes können helfen, ihm angemessene Umgebungsbedingungen zur Verfügung zu stellen, damit es sich gut entwickeln kann.

Im folgenden wollen wir auf den Nahbereich, das Wohnumfeld der Familie, eingehen. Wir möchten zeigen, wie sich Eltern und Kinder Erleichterungen im Umgang mit möglichen körperlichen Funktionsbehinderungen verschaffen können. Verschiedene chronische Krankheiten weisen eine unterschiedliche Dynamik in ihrem Verlauf auf. So ist es unter Umständen schwierig schon zu Beginn der Erkrankung zukünftige Entwicklungen abzuschätzen. Viele Fragen drängen sich jedoch auf: Welchen Grad der

Unterstützung wird das Kind zukünftig benötigen? Kann es seine Beweglichkeit erhalten? Müssen orthopädisch-technische Hilfsmittel in Anspruch genommen werden? Müssen bestimmte Stoffe im häuslichen Umfeld aufgrund einer Allergie gemieden werden?

Es bedarf Lösungen, mit denen alle Familienmitglieder gut zurecht kommen.

In einem ersten Schritt sollte geklärt werden, was sich durch die chronische Erkrankung für die Familie insgesamt verändert hat. Nachstehend sind einzelne Fragen aufgeführt, die von allen Beteiligten gemeinsam beantwortet werden sollten.

- Welche Sinnes-, Funktions- oder Verhaltenseinschränkungen haben sich für das Kind mit der Erkrankung ergeben?
- Handelt es sich dabei um andauernd, stabile Beeinträchtigungen (z. B. nach einer Operation) oder sich über die Zeit möglicherweise verändernde (z. B. bei rheumatischen Erkrankungen ein schubhaftes Krankheitsgeschehen)?
- Wo benötigt das Kind Hilfe, und wer kann diese in welcher Form leisten?
- Welche orthopädisch-technischen Hilfsmittel benötigt das Kind?
- Wie kann das Kind mit Hilfsmitteln selbständig zurecht kommen?
- Wo bestehen angesichts der gegenwärtigen Wohnsituation Hindernisse?
- Wie sieht der typische Tagesablauf Ihres Kindes und der Familie insgesamt aus? Was hat sich im Vergleich zu der Zeit vor der Erkrankung verändert?

Auch wenn für die einzelnen Familienmitglieder diese Fragen klar beantwortbar sind, kann es sinnvoll sein, daß jeder die veränderte Situation für sich auf dem Papier skizziert. So ensteht ein perspektivenreiches und umfassendes Bild. Gleichzeitig kann die schriftliche Darstellung als Grundlage für eine sprachliche Auseinandersetzung darüber angesehen werden, was zur Zeit gut und was weniger optimal funktioniert. Auch können Wünsche, Erwartungen und Hoffnungen der einzelnen Familienmitglieder erörtert und Frustrationen über notwendige Veränderungen rechtzeitig vorgebeugt werden.

Ein Tagesablauf könnte etwa folgendermaßen aussehen:

08.00 Aufstehen – Hilfe beim Anziehen erforderlich
09.00 Frühstück – Hilfe beim Brotschneiden erforderlich
09.30 Kind zur Schule bringen – Transport erforderlich
13.00 Kind von der Schule abholen – Transport erforderlich
13.30 Kind zur Krankengymnastik bringen – Transport erforderlich
15.00 Kind spielt im Kinderzimmer – Aufsicht, ggf. Hilfe erforderlich
17.00 Abendessen – Hilfe beim Schneiden von Fleisch erforderlich
18.00 Besuch bei Freunden – Aufsicht erforderlich; Kind zuvor ins Bett bringen und Behandlungsmaßnahmen durchführen

Noch sinnvoller kann es sein, nur einen Ausschnitt des Tages zu betrachten, etwa die Morgenversorgung.

Die Mutter hebt das Kind aus dem Bett und trägt es ins Bad, wo sie es auf eine Versorgungsfläche legt, die auf der Badewanne angebracht ist. Thomas (fünf Jahre) kann sich nicht selbst im Bett aufrichten. Sein Bett ist zudem ziemlich niedrig, so daß die Mutter sich weit zu ihm herunterbeugen muß. Während Thomas im Bad ist, holt seine Mutter seine Kleidung und legt sie zurecht. Anschließend zieht sie Thomas den Schlafanzug aus, hilft ihm dann zuerst auf die Toilette und wäscht ihn, soweit er dieses nicht selbständig erledigen kann. Danach hilft sie ihm beim Abtrocknen und beim Anziehen. Währenddessen stützt sie ihn, da er nicht selbständig aufrecht sitzen kann. Dann trägt sie ihn zum Frühstück in die Küche und setzt ihn in einen Spezialstuhl.

Das Beispiel macht deutlich, wie detailliert die Mutter die Morgenversorgung planen muß, damit diese reibungslos abläuft. Bei den meisten chronischen Erkrankungen kommt dem Einhalten von Routinen eine große Bedeutung zu. Eltern können sich Versorgungsaufgaben erleichtern, wenn sie Tagesablauf und die damit verbundenen Anforderungen genau planen, auch wenn ihr Kind keine Bewegungsbehinderungen hat.

Hilfen und Hilfsmittel für den Wohn- und Lebensbereich des Kindes

Es sind im wesentlichen drei Punkte, die man bei der Gestaltung des Familienalltags mit einem körperlich beeinträchtigten Kind beachten sollte:

1. *Technische Hilfsmittel,*
2. *bauliche Veränderungen und*
3. *Hilfe und Unterstützung.*

Technische Hilfen können von einfachen Hilfsmitteln, wie Greifzangen, Anziehhilfen oder Aerosolsprays, bis zu kostenintensiven Badewannen- und Treppenliftern reichen; Gehhilfen und Rollstühle zählen ebenfalls dazu. Um einen realistischen Eindruck darüber zu gewinnen, wieviel Platz

Hilfsmittel einnehmen werden, sollte man eine Skizze über die möglichen Veränderungen des Wohnbereichs anfertigen.

Neben den angesprochenen technischen Hilfen können außerdem mehr oder minder aufwendige bauliche Veränderungen erforderlich werden. So kann das Kinderschlafzimmer vom Ober- ins Erdgeschoß verlagert werden, um eine Treppenbenutzung zu vermeiden. Der Weg zwischen Eltern- und Kinderschlafzimmer sollte verkürzt werden, damit bei Bedarf das kranke Kind von den Eltern schnell erreicht werden kann. Türschwellen wären zu entfernen und Durchgänge zu verbreitern sowie höhenverstellbare Arbeitsflächen einzurichten, damit eine möglichst ungehinderte Bewegung möglich ist.

Nicht zuletzt sind persönliche Hilfen entscheidend. Unter Umständen sind diese nicht auf die Familienmitglieder beschränkt, sondern schließen auch professionelle Helfer, wie beispielsweise Haushaltshilfen, Krankenpflegerinnen etc. ein. Innerfamiliäre und professionelle Hilfen sollten sich wirkungsvoll ergänzen.

Die Unterstützungsmöglichkeiten sollten in Gesprächen mit Fachkräften aufeinander abgestimmt werden. So kann der behandelnde Arzt seine Sichtweise bezüglich des künftigen Unterstützungsbedarfs des Kindes formulieren. Ergotherapeuten oder andere Fachberater können praktische Hinweise liefern, wie einzelne Handlungen leichter ausgeführt werden können. Außerdem sind diese Fachkräfte über die Finanzierung von häuslichen Hilfen durch die Sozialleistungsträger informiert.

Mögliche hilfreiche Lösungen für Thomas und seine Mutter

1. *Technische Hilfsmittel*
   - höhenverstellbares Bett
   - Duschstuhl
   - Badewannenlift
2. *Bauliche Veränderungen*
   - alle Räume für Spezialrollstuhl zugänglich machen
   - Entfernen von Türschwellen
   - eigenes Zimmer für Thomas mit genügend Platz für Hilfsmittel.
   - direkte Verbindung von Thomas' Zimmer mit dem Bad
3. *Hilfe und Unterstützung*
   - häusliche Pflegehilfe
   - Einbezug anderer Familienmitglieder in die Morgenversorgung

Bisher war hauptsächlich von Unterstützungsmöglichkeiten innerhalb des Hauses die Rede. Genauso bedeutsam ist es, dem Kind Möglichkeiten zu eröffnen, das Haus zu verlassen. Anbei eine Übersicht über wichtige Punkte in diesem Zusammenhang.

- Kann das Kind die Wohnung ungehindert verlassen oder betreten?
- Stehen angemessene Spielflächen zur Verfügung?
- Kann es Schule und Spielkameraden problemlos erreichen?
- Stehen entsprechende Transportgelegenheiten zur Verfügung?
- Ist es für das Kind möglich, öffentliche Einrichtungen, wie Supermärkte, Kaufhäuser, Kinos usw. problemlos zu erreichen?
- Wo verhindern Allergene einen unbeschwerten Aufenthalt außerhalb der Wohnung?

Selten werden alle genannten Voraussetzungen erfüllt sein. Dennoch sollte überlegt werden, in welcher Form auch außerhalb der Wohnung größtmögliche Mobilität für das kranke Kind geschaffen werden kann. Gespräche mit Eltern aus dem Freundeskreis des Kindes sollten dabei unbedingt miteinbezogen werden.

Wohnbedingungen für asthmakranke Kinder
Einen speziellen Abschnitt möchten wir der Situation von Familien mit asthmakranken Kindern widmen. Beim allergischen Asthma stehen weniger mobilitätseinschränkende Faktoren im Vordergrund, sondern Aspekte des „Wohnraumklimas". Luftverschmutzung, ungesunde Baumaterialien sowie dichtbesiedelte Wohngegenden können ohnehin zu Atemproblemen führen. Insbesondere im Sommer wachsen die Ozonwerte bei hoher Sonneneinstrahlung in Bodennähe stark an und behindern die Atmung. Spezielle Warnungen bezüglich hoher Konzentrationen des Ozongases in der Luft, die über die Medien verbreitet werden, werden in der Regel von den Eltern asthmakranker Kinder beachtet. Wenn auch die Möglichkeiten der Einflußnahme auf das Außenmilieu begrenzt sind (wir können eben Pollen und Abgase nicht verhindern!), so kann doch einiges innerhalb der eigenen vier Wände getan werden, um die Belastungen für Asthmatiker zu reduzieren. Man verbringt ohnehin den überwiegenden Teil seiner Zeit in geschlossenen Räumen. Ein möglichst belastungsfreies Innenklima zu schaffen, erfordert in der Regel, daß alte Gewohnheiten und Verhaltensweisen verändert oder aufgegeben werden müssen. Dies ist nicht einfach und kann auch kaum von einem Tag auf den anderen durchgesetzt werden.

Wollen wir ein atemfreundliches Klima erzeugen, müssen wir uns mit dem Thema „Rauchen" befassen. Für viele ist Rauchen Genuß und Symbol für Freiheit. Für asthmakranke Kinder sind rauchende Familienmitglieder eine erhebliche Belastung. Das Rauchen von Zigaretten, Zigarillos, Pfeifen und Zigarren muß aus der Wohnung verbannt werden. In der Folge möchten wir auf weitere atembehindernde bzw. anfallsproduzierende Faktoren eingehen. Bei Patienten mit allergischem Asthma sind vor allem Hausstaubmilben, Tierhaare und Schimmelpilze innerhalb der Wohnung zu vermeiden.

Hausstaubmilben
Hausstaubmilben gehören zu den folgenschwersten Allergenen. Sie fühlen sich am wohlsten bei einer Raumtemperatur von 20° C, bei gleichzeitig hoher Feuchtigkeit. Hausstaubmilben leben über mehrere Wochen und haben etwa die Größe von Pollen. Sie ernähren sich von tierischen Eiweißen, die aus alten Hautzellen und Haarschuppen aufgenommen werden. Besonders häufig sind sie in Matratzenzwischenräumen, Bettkanten sowie in Decken und Kopfkissen zu finden.

Einige Hinweise, wie man Hausstaubmilben vermindern kann:
1. Regelmäßiges Lüften des Bettzeugs im Winter, da Hausstaubmilben keine große Kälte vertragen. Wenn möglich bewahren Sie das Kopfkissen im Eisschrank auf.
2. Vermehrtes Staubsaugen reduziert die Zahl der Hausstaubmilben nicht wesentlich. Herkömmliche Staubsauger wirbeln Staub auf und erzeugen oft mehr Symptome beim asthmakranken Kind. Saugen Sie deshalb Staub, wenn Ihr Kind nicht anwesend ist.
3. Sorgen Sie für eine regelmäßige und gründliche Durchlüftung aller Räume.
4. Wechseln Sie regelmäßig das Bettzeug des Kindes, und waschen Sie dieses bei über 60° C.

5. Sorgen Sie für abwaschbares Spielzeug. Teddybären und Schmusetiere, so schwer es fällt, entweder ganz aus dem Kinderzimmer verbannen oder diese regelmäßig bei hohen Temperaturen waschen.

Tierhaare

Am sinnvollsten ist ein gänzlicher Verzicht auf Haustiere. In Tierhaaren finden sich äußerst aggressive Allergene. Allein eine passive Begegnung mit Hunden oder Katzen kann Allergene produzieren, die über längere Zeiträume wirken. Selbst eine ausgiebige Kleiderwäsche beseitigt diese nicht vollständig.

Einige Vorkehrungsmaßnahmen als Empfehlung:

1. Unmittelbarer Kleiderwechsel nach Kontakt mit Umgebungen, in denen Tiere zugegen sind.
2. Besucher sollten darauf hingewiesen werden, daß ihr Haustier nicht mit in die Wohnung kann. Wird dieses rechtzeitig mitgeteilt (z. B. bei der telefonischen Absprache), vermeidet man Ärger, hat genug Zeit, um die Situation zu erklären und ermöglicht dem Besucher, sich darauf einzustellen.
3. Tierkontakt sollte im allgemeinen möglichst vermieden werden, was verständlicherweise von Kindern oft nicht leicht nachvollzogen werden kann.

Schimmelpilze

Schimmelpilze können oft aufgrund schlechter Durchlüftung und in Verbindung mit hoher Feuchtigkeit (z. B. in Badezimmern ohne Fenster) entstehen. Ansonsten sollten bekannte feuchte Stellen im Haus (z. B. der Keller) vom Kind gemieden werden.

Weitere Maßnahmen sind zu sehen in:

- der Verbesserung der Durchlüftung im Badezimmer;

- dem Verzicht auf Pflanzen im Schlafzimmer des Kindes, da diese Feuchtigkeit speichern und
- dem Vermeiden von Luftbefeuchtern.

Abschließend möchten wir noch einige Hinweise zur Auswahl von Bau- und Gestaltungsmaterialien sowie zum Hausbau selbst geben.

Wird ein neugebautes Haus bezogen, so ist in vielen Fällen eine starke Feuchtigkeit zu beklagen. In einigen wenigen Fällen liegt es an fehlerhaften Konstruktionen, beispielsweise an undichten Dächern oder Mauerwerksdurchlässen. Oft ist allerdings ein mangelnder Schutz gegenüber Feuchtigkeit, beispielsweise in Form von speziellen Isolationsmaterialien zu beklagen oder das Baumaterial war über mehr oder minder lange Bauabschnitte Nässe und Feuchtigkeit ausgesetzt. Es kann oft Monate bis zu Jahren dauern, bis ein Neubau wirklich „trocken" ist. Viel Zeit also für Schimmelpilze, Hausstaubmilben etc., das Haus in Besitz zu nehmen. Feuchtigkeit ist aber nur ein Aspekt. Darüber hinaus muß auch der Auswahl von Materialien eine besondere Beachtung geschenkt werden. Konservierungsstoffe in Wand- und Deckenfarbe können über längere Zeitabschnitte Gase absondern, die beim asthmakranken Kind Anfälle auslösen oder verstärken können.

Auch bei der Einrichtung der Wohnung sind zahlreiche Dinge zu beachten. Zum Beispiel „Was kann womit gereinigt werden?" oder „Welche Möbelmaterialien oder Einrichtungsgegenstände können beim Kind Anfälle auslösen?". Technische Geräte, von der Geschirrspülmaschine bis zum Wäschetrockner erhöhen die Luftfeuchtigkeit. So möchten wir auch für Familien mit einem asthmakranken Kind eine genaue Planung des Alltags empfehlen. Es wäre darauf zu achten, daß Waschmaschine, Geschirrspüler und Dusche nicht gleichzeitig laufen, sondern dieses besser aufzuteilen, damit die Luftfeuchtigkeit nicht unnötig erhöht wird. Auch Eltern asthmakranker Kinder sollten einen Tagesablaufplan aufstellen (siehe Beispiel), bei dem Sie An- und Abwesenheit ihres Kindes berücksichtigen können, um in dieser Zeit Tätigkeiten durchzuführen, die bei dem Kind mit einem höheren Anfallsrisiko verbunden sind.

Beispiel für einen Tagesplan bei einem Kind mit allergischem Asthma:

Tätigkeit	*Uhrzeit*	*Anwesenheit des Kindes*
Frühstück	8.00	ja
Bettenmachen	9.00	nein (Schule)
Fußbodenwischen	10.00	nein (Schule)
Staubsaugen	10.30	nein (Schule)
Abwaschen	11.00	nein (Schule)
Mittag	13.00	ja
Einkaufen	15.00	ja
Wäsche machen	17.00	nein (bei Freunden)
Abendessen	18.00	nein (ißt bei Freunden)

Mit Hilfen und Hilfsmitteln umgehen lernen

Die Behandlung chronischer Krankheiten umfaßt auch den Einsatz von verschiedenen Hilfsmitteln und bedeutet vielfach ein Angewiesensein auf Hilfe und Unterstützung durch andere. Hilfsmittel reichen bei den in diesem Buch dargestellten Krankheitsbildern von Inhalationssprays des Asthmatikers, über Insulinpumpen beim diabeteskranken Kind bis zu orthopädischen und ergotherapeutischen Hilfsmitteln (u. a. Prothesen, Schienen) bei krebs- und rheumakranken Kindern.

Die Verwendung von Hilfsmitteln kann in zweierlei Hinsicht problematisch für das betroffene Kind sein. Erstens muß es Sinn und Ziel der Hilfe verstehen und ausführlich über deren richtige Anwendung informiert sein. Zweitens kann es starke Vorbehalte gegenüber der Benutzung der verordneten Hilfen äußern, da es sich durch diese stigmatisiert fühlt und es eine Ausgrenzung aus dem Freundeskreis befürchtet.

Die richtige Anwendung eines Hilfsmittels kann im Rahmen einer Patientenschulung oder der Krankengymnastik bzw. Ergotherapie von Fachkräften vermittelt werden. Wichtig ist, daß die Eltern genau über den Anwendungszweck informiert sind. Hilfsmittel sind entweder Bestandteil der Therapie oder ergänzen diese. Die richtige Anwendung entscheidet oft darüber, ob das chronisch kranke Kind von bleibenden Spätfolgen verschont bleibt, in seinem Alltag mobiler oder sein Leben lebenswerter wird. Oft bewerten Eltern und Kinder die negativen Aspekte von Hilfsmitteln besonders stark. Diese sind häßlich, lassen das Kind zum Behinderten werden und stellen eine Abweichung von dem dar, was als normal angesehen wird.

Doch was gewinnt das Kind, das auf Gehhilfen angewiesen ist, wenn es diese nicht benutzt? Entweder es kann gar nicht das Haus verlassen und wird noch weiter von seinem Freundeskreis entfernt, vor dessen Reaktionen es sich fürchtet, wenn es die Stützen verwendet, oder es wird zu einem späteren Zeitpunkt unter massiven Bewegungsschwierigkeiten leiden, da es sich nicht hinreichend entlastet hat. In Wirklichkeit schränkt also das Kind seine Kontakt- und Freizeitmöglichkeiten weiter ein, wenn es die Hilfen nicht benutzt.

Dennoch sind seine Befürchtungen ernst zu nehmen. Mitschüler reagieren tatsächlich manchmal mit Distanz, wenn sie die Hilfsmittel das erste Mal sehen. Viel öfter sind Kinder aber neugierig und wollen wissen, warum diese nun erforderlich sind. Heutzutage werden Hilfsmittel meist den besonderen Bedürfnissen ihrer Benutzer angepaßt. Sie müssen nicht nur nach „Krankheit" und „Behinderung" aussehen. Farbenfrohe Gestaltungsmöglichkeiten haben das graubraune Einerlei traditioneller Hilfsmittelfirmen abgelöst. Da finden sich Strumpfanzieher in Neonfarben, hergestellt aus Plastikeimern, Handschienen bunt bemalt, Insulinspritzen im Kugelschreiberformat und in ansprechenden Farben. Viele Hilfsmittel können auch vom Kind selbst mitgestaltet werden. Auf die Handschiene könnten bunte, freche Sticker geklebt werden. Der Kreativität sind hier keine Grenzen gesetzt, und das Kind gewinnt dadurch viel an Lebensqualität; ihm wird der Umgang mit den notwendigen Hilfen erleichtert. Der selbstbewußte Umgang damit ist auch Bestandteil der meisten Patientenschulungsprogramme. In Rollenspielen können Situationen und Bewältigungsmöglichkeiten geübt werden, in denen das Kind auf seine Hilfsmittel angesprochen wird.

Chronisch kranke Kinder sind jedoch nicht nur auf technische, sondern oft auch auf personale Hilfen angewiesen. Insbesondere Jugendliche, die vor dem Ausbruch der Erkrankung damit begonnen haben, sich aus dem Elternhaus abzulösen, werden durch ihre Krankheit vielfach wieder vermehrt an die Eltern gebunden. Dadurch geraten sie in eine Situation, die im eigenen Empfinden ein starkes Abhängigkeitsgefühl hervorruft. Bei einer Umfrage unter vierzig Teilnehmern in der Altersgruppe von 18 bis 30 Jahren auf der ersten nordischen Konferenz rheumakranker Jugendlicher 1992 in Norwegen wurden die folgenden Fragen erörtert.

1. In welcher Weise fühlst Du Dich abhängig von Deinen Eltern?
2. Was erwartest Du von Deinen Eltern? Wie sollen diese sich Deiner Meinung nach verhalten?

3. Was kannst Du selbst tun, um ihnen Deine eigenen Bedürfnisse verständlich zu machen?

Die befragten Teilnehmer betrachteten Abhängigkeit keineswegs als nur negativ. Mit der verstärkten Bindung an das Elternhaus wurden auch sehr viele positive Erfahrungen verknüpft. Die Jugendlichen bewerteten insbesondere die Unterstützung, die Hilfe und das Verständnis positiv, das ihnen von ihren Eltern entgegengebracht wurde. Dabei spielt neben der praktischen Hilfe im Alltag die gefühlsmäßige Unterstützung eine zentrale Rolle. Als negativ werteten die Befragten Verhaltensweisen der Eltern, die ihre Selbstbestimmung einschränkten. Es bestand ein starkes Bedürfnis, als gleichberechtigter Gesprächspartner anerkannt zu werden. Entschieden zurückgewiesen werden alle Versuche der Eltern, unbedingt überzeugen zu wollen. Bezogen auf die eigenen Handlungsmöglichkeiten betonten alle Befragten, daß neben dem Gespräch auch die persönlichen Fertigkeiten in der Auseinandersetzung mit den Eltern eine Rolle spielen. Demnach kann nur derjenige, der selbstbewußt auftritt, seine Bedürfnisse angemessen vertreten. Die Eltern bleiben für den kranken Jugendlichen wichtige Ansprechpartner neben dessen Freunden und Schulkameraden, wenn sie ihm seine Selbständigkeit zugestehen.

Freizeit und Sport

Der Freizeitbereich von Kindern wird in der Regel durch Spielaktivitäten und Sport bestimmt. So wird nach der Schule Fußball gespielt oder mit dem Rad herumgetollt. Viele chronische Erkrankungen im Kindesalter scheinen sportliche Aktivitäten nahezu auszuschließen, soll nicht riskiert werden, daß es zu einem Anfall oder einer Stoffwechselentgleisung kommt bzw. sich die Gelenkbeschwerden verschlimmern. Bewußt haben wir an dieser Stelle das Wort „scheinen" benutzt, denn tatsächlich ist Sport in den allermeisten Fällen weiterhin möglich. Allerdings muß die Vorbereitung stimmen! Für einige Krankheitsgruppen möchten wir eine Reihe von Empfehlungen geben.

Asthma

Atemwegserkrankungen und Spitzenleistungen im Sport müssen sich keinesfalls ausschließen. Große Namen, wie Mark Spitz (sechsmaliger Goldmedaillengewinner bei den Olympischen Spielen im Schwimmen) oder Björn Daehli (norwegischer Star des Langskilaufes und mehrfacher Olympiamedaillengewinner) sind Beispiele dafür. Das Rezept für ihren sportlichen Erfolg lautet: gute medikamentöse Voreinstellung, vernünftiges körperliches Training und eine der Krankheit angepaßte Lebensführung.

Menschen, die unter Anstrengungsasthma leiden, wählen beim Sport aufgrund ihrer Atembeschwerden häufig die Rolle des Zuschauers. Vermeiden sie aber jegliche Form körperlicher Aktivität, kann ein Anfall selbst bei minimalen Anstrengungen ausgelöst werden und sich das Asthma insgesamt verschlimmern. Auch wenn wir nicht unbedingt anregen wollen, den oben genannten Leistungssportlern nachzueifern, möchten wir zeigen, wie sportliche Betätigung mit dem Asthma möglich ist.

- Die Medizin sollte eine Viertelstunde vor dem Training oder der körperlichen Betätigung eingenommen werden (Inhalationsspray).
- Die Anfangsphase des Trainings sollte aus langsamen Aufwärmübungen bestehen: langsames, gleichmäßiges Laufen beispielsweise.

- Kurze intensive Trainingsabschnitte mit längeren Ruhezeiten dazwischen (Intervalltraining).
- Vorsicht bei kaltem, feuchtem oder allergenhaltigem Wetter (Pollenalarm)! In diesen Phasen entweder ganz auf das Training verzichten oder Vorkehrungen treffen, etwa durch einen Schal atmen.
- Langsam ein Training „ausklingen" lassen. Wie zu Beginn leicht dosierte Übungen, etwa das Laufen mit gleichmäßiger Geschwindigkeit oder Beuge- und Dehnübungen.
- Vielleicht die wichtigste Empfehlung von allen: Nicht übertreiben, selbst die Grenzen setzen und nicht zu viel auf einmal verlangen.
- Verschiedene Übungen und Sportarten sind in unterschiedlichem Maße für den Betroffenen geeignet. Was am besten paßt, muß im Einzelfall herausgefunden werden.

Rheuma

Die krankheitsbedingten Schmerzen, wie auch Gelenkfehlstellungen und Muskelschwächen können das Bedürfnis nach Bewegung bei den betroffenen Kindern stark einschränken. Von ärztlicher Seite wird die Bedeutung von körperlicher Betätigung betont, um die Beweglichkeit der Gelenke zu erhalten. Bevor das Kind aber mit Sport beginnt, müssen Fehlstellungen der Gelenke ausgeglichen werden. Sonst kann es unter Umständen zu einer Fehlbelastung kommen, die das Gelenk weiter beeinträchtigt und stärkere Schmerzen hervorruft. Bei der Vorbereitung eines rheumakranken Kindes auf sportliche Aktivitäten, sind folgende Schritte zu beachten:

- Medikamentöse Kontrolle der Entzündungen des Kindes. In der akuten Erkrankungsphase, also während eines Schubes, sollte kein Sport betrieben werden.
- Wiederherstellung der Gelenkfunktionen und Korrektur von Achsenfehlstellungen in krankengymnastischer Einzelbehandlung.
- Informationen für das kranke Kind darüber, daß es sich zwar wenig belasten, dabei aber viel bewegen soll.
- Beginn mit wenig belastenden Sportarten wie Schwimmen und Fahrradfahren. Wenn sich der Zustand weitgehend stabilisiert hat, sind auch andere Sportarten, wie Jazzgymnastik, Tischtennis, Badminton, Reiten oder Skilanglauf denkbar. Sollte das Kind diese Sportarten bereits vor der Erkrankung als Leistungssport betrieben haben, muß es sich vor Überanstrengungen schützen, die leicht entstehen können, wenn es versucht, an seine alten Leistungen anzuknüpfen.
- Vermeidung von Sportarten, die mit Verletzungen oder starkem Kraftaufwand verbunden sind, wie Kampfsport (z. B. Judo, Karate), Leichtathletik und Geräteturnen.
- Verwendung von Gelenkschutzhilfen, welche die betroffenen Gelenke in der richtigen Stellung halten.

Auf die soziale Bedeutung von Schulsport wurde bereits im Kapitel „Wenn das kranke Kind in die Schule zurückkehrt" eingegangen.

Diabetes

Auch bei Diabetes steht im Prinzip körperlicher Aktivität nichts im Wege. Im Gegenteil: Sportliche Betätigung verbessert das Kreislaufsystem und die allgemeine körperliche Beweglichkeit. Sport hat eine blutzuckersenkende Wirkung und dieses muß stets berücksichtigt werden. Außerdem wird Insulin schneller aufgenommen. Diabetiker sollten deshalb sowohl während als auch nach körperlichen Anstrengungen kohlenhydratreiche Nahrungsmittel zu sich nehmen. Die Menge richtet sich dabei nach dem Grad der Belastung.

Körperliche Aktivität senkt jedoch nicht in jedem Fall den Blutzuckerspiegel. Besonders wenn dieser schon im Vorfeld über einen längeren Zeitraum erhöht war und es zur Säureentwicklung gekommen ist (Ketoazidose). In einer solchen Situation würde der Blutzuckerspiegel durch körperliche Anstrengung erhöht werden.

Gerade bei Kindern variiert der Grad körperlicher Aktivität ständig. So haben sie an einem Tag zwei Sportstunden hintereinander; dann wieder über eine Woche hinweg keinen Schulsport. An einem Tag spielen sie mit Freunden nach der Schule Fußball, an einem anderen machen sie einen Ausflug mit dem Fahrrad. Sport sollte gestattet sein, wenn folgendes beachtet wird:

- Messung des Blutzuckers vor Trainingsbeginn,
- Abstimmung von Kohlehydraten, Insulinzufuhr und körperlicher Aktivität,
- während und im Anschluß an den Sport Zufuhr von kohlehydrathaltiger Nahrung und
- Vermeiden von körperlicher Aktivität, wenn der Blutzuckerspiegel schon seit längerer Zeit erhöht ist.

Krebs

Die Schwächung des Immunsystems durch die systemische Behandlung mit Zytostatika macht den Körper des krebskranken Kindes anfällig gegenüber Infektionen. Deshalb befürchten viele Eltern mögliche Ansteckungen beim gemeinsamen Sport. Darüber hinaus sind viele Kinder nach einer anstrengenden Behandlungszeit körperlich geschwächt oder haben durch erforderliche Operationen einen Teil ihrer alten Beweglichkeit eingebüßt. Aber auch für krebskranke Kinder gilt: Sport und körperliche Betätigung trägt zur Selbständigkeit und zu dem Gefühl bei, zu einer Gruppe Gleichaltriger zu gehören. Gleichzeitig ist körperliches Training wichtig, um die Muskulatur zu kräftigen, die Beweglichkeit der Gelenke zu erhalten und sowohl Herz-Kreislauf- als auch Immunsystem zu stärken. Sportliche Betätigungen sollten mit Vorsicht angegangen und langsam dosiert gesteigert werden. Mit dem behandelnden Arzt sollte abgeklärt werden, welche Sportarten für das Kind in welcher Form am ehesten geeignet sind.

Familienausflüge und Urlaubsreisen

Viele Familien verspüren nach den massiven Belastungen während der Klinikzeit ein starkes Erholungsbedürfnis. „Wir wollten einfach nur 'raus und alles hinter uns zurücklassen" – dieser Wunsch einer Familie mit einem krebskranken Kind ist mehr als verständlich. Trotz des starken Bedürfnisses, den eigenen „vier Wänden" zu entfliehen, trauen sich viele Familien nicht, eine Urlaubsreise oder einen Wochenendausflug anzutreten, aus Furcht, die Behandlung des Kindes zu gefährden. Dennoch sollte die Erkrankung kein Hindernis sein, eine Reise oder einen Verwandtenbesuch durchzuführen. Allerdings ist im Vorfeld eine genaue Planung erforderlich. Die behandelnden Ärzte, aber auch Freunde, Bekannte und Verwandte können hier Hilfe und Unterstützung anbieten. Wir möchten im folgenden eine Reihe von Fragen stellen, die bei der Reiseplanung nützlich sein können.

1. Wohin soll die Reise gehen?

Handelt es sich um eine Inlands- oder Auslandsreise? Möchten Sie in Europa bleiben oder zu einen anderen Kontinent reisen? Bedenken Sie, daß bei einigen chronischen Erkrankungen klimatische Faktoren berücksichtigt werden sollten. So sollten asthma- sowie rheumakranke Kinder Gegenden mit kaltem und feuchtem Klima meiden. Auch wenn im Zusammenhang mit rheumatischen Krankheiten erwiesen ist, daß in warmen Gegenden vergleichbar viele Menschen an Rheuma erkranken, wird Wärme in der Regel als angenehm und wohltuend empfunden. Für Asthmatiker eignen sich Hochgebirge und Meeresgegenden mit trockenem und warmen Klima sehr gut. Rheumakranke Kinder hingegen werden mit dem Gebirge unter Umständen Schwierigkeiten haben, da durch die landschaftlichen Gegebenheiten ihre Beweglichkeit eingeschränkt wird. Sind sie auf Gehhilfen oder einen Rollstuhl angewiesen, kann dieses für Kind und Eltern sehr beschwerlich sein.

Insbesondere Familien mit einem krebskranken Kind schrecken so kurz nach der akuten Behandlung davor zurück, weite Reisen zu planen. Die chemotherapeutische Behandlung ist womöglich noch nicht abgeschlossen, und es besteht weiterhin ein erhöhtes Infektionsrisiko. Naheliegend sind hier Besuche von Verwandten oder Freunden. Sie kennen die Situation der Familie und können leicht bezüglich notwendiger Vorkehrungen informiert werden. Darüber hinaus können sie – falls nötig – einen Kontakt zu Ärzten an ihrem Wohnort herstellen. Behandlungsmöglichkeiten und mögliche ärztliche Anlaufstellen können aber auch vom behandelnden Arzt im Vorfeld der Reise in Erfahrung gebracht und vermittelt werden.

2. Mit welchem Verkehrsmittel ist der Ferienort erreichbar?

Die größte Flexibilität hat zweifellos eine Familie, die mit dem eigenen PKW die Fahrt antritt. Es können Ruhepausen unterwegs eingelegt und Reisepläne spontan und problemlos geändert werden. Gleichwohl können Reisen mit dem Auto für chronisch kranke Kinder sehr anstrengend sein, zumal die Fahrt an sich schon eine Veränderung des gewohnten Tagesgeschehens bedeutet. Rheumakranke Kinder vermögen beispielsweise nicht über längere Zeit zu sitzen; sie müssen sich öfter bewegen. Generell sind lange Reisen für jüngere Kinder oft eine Qual. Für mittlere und längere Strecken empfiehlt sich deshalb die Reise mit Bahn oder Flugzeug. Auf Inlandsflügen kann nach dem Schwerbehindertenrecht eine erforderliche Begleitperson, also ein Elternteil, unentgeltlich reisen; gleiches gilt für Bahnfahrten. (Genaue Informationen im Abschnitt Sozialrechtliche Hilfen und Informationen für Familien mit chronisch kranken Kindern.)

3. Wann soll die Reise durchgeführt werden?

Die Frage nach dem „wann" ist besonders entscheidend für Familien mit asthmakranken Kindern, die allergisch gegenüber saisonal auftretenden Asthmaauslösern reagieren. Pollenasthmatiker sind beispielsweise in der Blütensaison am besten in Hochgebirgsgegenden über eintausend Meter und darüber hinaus aufgehoben, denn hier ist die Luft nahezu allergenfrei.

4. Welche Hilfen gibt es vor Ort?

Generell sollte im Vorfeld der Reise geklärt werden, welche ärztlichen Hilfen am Urlaubsort zur Verfügung stehen, falls diese in einem Notfall benötigt werden. Informationen können Sie über das Fremdenverkehrsamt des Landes, bei Inlandsreisen aus dem Telefonbuch und bei Pauschalreisen über den Reiseveranstalter erhalten. Auch Patientenorganisationen und Elterninitiativen können bei der Suche nach einem günstigen Reiseziel behilflich sein. Andere, gleichsam betroffene Familien können aus ihrer eigenen Erfahrung über mögliche Schwierigkeiten, aber auch über persönlich positive Erlebnisse berichten.

Nützliche Hinweise zur Reiseplanung:

- „Reiseführer für unsere behinderten Fahrgäste" der Deutschen Bundesbahn/Deutschen Reichsbahn in den Reisezentren der Bahnhöfe, bei der Kontaktstelle für Behindertenfragen der Deutschen Bundesbahn in Mainz oder in DER-Reisebüros erhältlich.
- „Information für behinderte Fluggäste" der Arbeitsgemeinschaft Deutsche Verkehrsflughäfen (ADV) in Stuttgart. Fragen Sie an Ihrem Verkehrsflughafen nach dieser und anderen Informationen.
- „Informationen für behinderte Fluggäste" von der Deutschen Lufthansa AG. Bei Lufthansa-Agenturen und an den Verkehrsflughäfen erhältlich.
- „Handicapped Reisen" – der Hotel- und Reiseratgeber für Urlauber mit einem Handicap – Band I und II. Beide Bände können bei der Bundesarbeitsgemeinschaft Hilfe für Behinderte (BAGH), Kirchfeldstr. 149, 40214 Düsseldorf gegen einen geringen Unkostenbetrag angefordert werden.
- Über ein breites Angebot von behindertengerechten Fe-

rienzielen verfügen bisher die Reisegroßveranstalter TUI, NUR und ITS.

Über die Angst, die bleibt

Ist der erste Abschnitt der Behandlungszeit überstanden, so bleibt oft eine unbestimmte Angst, ein Gefühl des Unbehagens bei den Betroffenen zurück. Im Blickpunkt steht die Krankheit und ihr ungewisser Verlauf. Die Ärzte haben eine Behandlung begonnen, doch wird sie helfen? Ist es die richtige Behandlung? Die Eltern haben Entscheidungen getroffen, waren diese auch richtig? Das Kind hat zur Zeit keine Beschwerden, aber wie lange wird dieser Zustand anhalten? Welche Auswirkungen hat diese schwere Zeit auf uns, auf unsere Partnerschaft, unsere anderen Kinder? Es scheint jetzt wieder alles gut zu laufen, doch was ist, wenn unser Kind einen Rückfall erleidet? Und was wird später sein? Welche Nebenwirkungen und Konsequenzen wird die Behandlung mit sich bringen? Eltern krebskranker, aber auch rheumakranker Kinder fürchten sich insbesondere vor dem Moment, an dem die Medikamente abgesetzt werden sollen. Sie haben geholfen, den Zustand des Kindes zu stabilisieren, ein Fortschreiten der Krankheit aufzuhalten und die Beschwerden und Schmerzen zu beseitigen. Wie groß ist das Risiko, daß ein Rückfall oder eine Verschlechterung eintritt? Wie können die Ärzte wissen, daß tatsächlich alles gut gehen wird?

Die Angst vor der Ungewißheit und erneutem Unheil hängt wie ein Schwert über den Köpfen der Betroffenen. Ein scharfes Schwert, das, sollte es herunterfallen, alles zerstören kann. Oft fragen sich die Eltern, wie man unter dieser Last überhaupt leben kann. Lohnt es sich denn eigentlich in die Zukunft zu investieren, wenn plötzlich doch wieder ein erneuter Schicksalsschlag alles zunichte machen kann? Wie können wir unter diesem bedrohlichen Schwert ein neues Leben aufbauen? Wenn wir das Schwert anstarren, es keine Minute aus den Augen lassen, so wird die Krankheit jeden Augenblick des weiteren Lebens, jeden Gedanken, jedes Gefühl bestimmen. Wir können aber auch lernen, unter dem Schwert entlang zu schreiten. Machen wir uns vor, die Krankheit sei nicht da, niemals passiert, tun wir dieses mit gesenktem Haupt; haben wir gelernt, mit der Krankheit zu leben, tun wir dies mit erhobenem Haupt. Die Krankheit wird dann als Tatbestand akzeptiert, nicht verleugnet. Es werden Wege „mit ihr" gesucht. Dadurch, daß es gelingt, mit der Krankheit aktiv umzugehen, verliert diese etwas von ihrer Bedrohlichkeit.

Dies gelingt der Familie, je eher sie wieder auf ihren Alltag Einfluß nehmen kann. Während der Behandlungszeit mußten alle Familienmitglieder einen Teil ihrer Autonomie abgeben, sich einem strikten Behandlungsplan unterordnen und ihre eigenen Bedürfnisse zurückstellen. Das Erleben von Hilflosigkeit und das bedingte Abgeben der Kontrolle über das eigene Leben hat seine Spuren hinterlassen. Jetzt, nachdem das Kind aus der Klinik entlassen ist, muß es für die Familie Ziel sein, ihre eigene Handlungsfähigkeit zurückzugewinnen. Sie muß erfahren, daß sie wieder einwirken kann auf das, was um sie herum geschieht.

Wenn die Behandlung voranschreitet und sich Erfolge zeigen, versuchen die Eltern alles, um den so mühsam errungenen Behandlungserfolg nicht wieder zu gefährden. Die Angst, das krebskranke Kind könnte sich irgendwo anstecken und eine Infektion bekommen oder das asthma- oder rheumakranke Kind würde sich überanstrengen, veranlaßt Eltern sich in stark reglementierender und von den kranken Kindern häufig als einengend erlebten Weise zu verhalten. In der Fachliteratur wird dieses als „Überbesorgtheit" oder „Überbehütung" beschrieben. Aus zahlreichen Gesprächen mit betroffenen Eltern wissen wir, daß solche Begriffe bei den Betroffenen in der Regel auf Unverständnis, wenn nicht gar wütende Zurückweisung stoßen. Letztendlich bewirken solche Begriffe nichts, was für die Familie von Nutzen sein kann. Behandler, die derartige Schlagworte unkritisch gebrauchen, setzen das Vertrauen in der Beziehung zur Familie aufs Spiel. Statt dessen sollte es Aufgabe sein, den Übergang in die Dauertherapie oder in die Nachsorgephase mit der Familie zu besprechen. Dabei sollten die Eltern die Möglichkeit haben, ihre Befürchtungen offen anzusprechen. Das Behandlungspersonal sollte diese ernst nehmen und der Familie mit Verständnis begegnen.

Steht beispielsweise die Reduktion von Medikamenten an, sollten die Ärzte die Risiken deutlich machen, die durch ein Absetzen (z. B. Rückfall) oder durch eine weitere Einnahme (z. B. Nebenwirkungen) gegeben sind. Mit anderen Worten: brauchen die Eltern Informationen, warum dieser Schritt zu diesem Zeitpunkt sinnvoll ist. Gleichzeitig sollten sie das Gefühl haben, nicht passiv dem Geschehen ausgeliefert zu sein, sondern die Möglichkeit haben, Fragen zu stellen und alternative Vorschläge zu machen (z. B. die Behandlung über einen weiteren Monat fortzuführen). Dieses Vorgehen vermittelt Sicherheit und Vertrauen.

Die Krankheit kann nicht der Mittelpunkt im Leben der Familie bleiben, wenn diese Normalität erreichen will. Normalität heißt im Zusammenhang mit einer chronischen Erkrankung auch mit Risiken zu leben. Kind wie Eltern müssen sich dem Alltagsleben stellen, genauso wie sie es vor der Erkrankung getan haben. Schule, Freundeskreis, Freizeitaktivitäten, all das ist für die Entwicklung chronisch kranker Kinder genauso wichtig wie für gesunde. Hier werden häufig Grenzen erreicht. Vieles, was vor der Krankheit problemlos möglich war, ist jetzt mit einem „aber" verbunden. „Mein Sohn möchte ins Schwimmbad, *aber* wenn er sich dort eine Infektion holt?' ‚Sie hat immer im Meer gebadet, *aber* jetzt ist das Wasser für sie zu kalt. Sie könnte einen neuen Rheumaschub bekommen." „Sie war auch schon früher auf vielen Parties gewesen, *aber* wenn sie die ganzen Speisen sieht, wird sie widerstehen können?" „Schulsport war nie ein Problem für sie, *aber* weiß sie, wo ihre Grenzen sind, so daß sie sich nicht überfordert?" Besonders die beiden zuletzt genannten Beispiele machen deutlich, daß Normalität auch etwas mit Vertrauen dem Kind gegenüber und dessen Handlungsweisen zu tun hat. Wenn Eltern wissen, daß sich ihr Sohn oder ihre Tochter an die Behandlungsvorschriften hält, ist es leichter, Freiräume zuzugestehen. Dieses setzt aber voraus, daß das Kind in der Lage ist, mit seiner Erkrankung eigenständig und selbstverantwortlich umzugehen. Und hier schließt sich der Kreis: Eigenständigkeit kann nur erlernt werden, wenn die Möglichkeiten dazu gegeben sind.

Spezielle Betreuungsangebote für Familien mit chronisch kranken Kindern

Familienorientierte Nachsorgemaßnahmen für Familien mit krebskranken Kindern

Die Behandlung von krebskranken Kindern muß oft über Monate und Jahre hinweg fortgesetzt werden. Krankheit und Behandlung bringen eine Vielfalt von Belastungen und Veränderungen mit sich, wie bereits gezeigt wurde. Die gesamte Familie ist aufgrund der Daueranspannung erschöpft oder am Rande ihrer Belastbarkeit angelangt. Hier ist oft Hilfe von außen notwendig, um die Familie wieder zu stabilisieren. Sogenannte professionelle Helfer können allerdings nicht vollständig die Aufgaben der Familie ersetzen. Sie können Hilfestellungen und Unterstützung anbieten. Ziel muß es aber sein, die Familie so schnell wie möglich, in die Lage zu versetzen, wieder selbständig zu funktionieren. Die familienorientierte Nachsorge will den medizinischen Behandlungserfolg beim erkrankten Kind sichern. Die notwendigen Behandlungsmaßnahmen werden für das Kind in der Nachsorgeeinrichtung fortgeführt. Darüber hinaus sollen eventuellen Krankheits- oder Behandlungsfolgen gemindert oder beseitigt werden. Eltern und Geschwisterkinder werden in die medizinische Versorgung miteinbezogen, da bei ihnen meist nicht nur eine psychische, sondern auch körperliche Erschöpfung zu beobachten ist. Diese seelischen, körperlichen und sozialen Auswirkungen der Krankheit können während der akuten Behandlung des Kindes meist nicht ausreichend berücksichtigt werden.

Der familienorientierte Ansatz möchte dabei der Gesundheit der gesamten Familie dienen. Es hat sich gezeigt, daß Mutter-Kind-Kuren nicht hinreichend sind, um die ganze Familie bei der Bewältigung des Krankheitsgeschehens zu unterstützen. Die Zeit der Akutbehandlung hat in den meisten Fällen die Familie auseinander gerissen. In der Regel begleitet die Mutter das erkrankte Kind in die Klinik, der Vater ist berufstätig und kümmert sich zu Hause um die Geschwisterkinder. Oft sind mit dem Klinikaufenthalt größere Entfernungen verbunden, die nicht ohne weiteres von allen Familienmitgliedern – schon aus finanzieller Hinsicht – zu überwinden sind. Mutter-Kind-Kuren würden diese Trennung weiter aufrechterhalten und die Familienmitglieder noch weiter voneinander entfernen. Ziel der familienorientierten Nachsorge ist neben der medizinischen Betreuung die Wiederherstellung einer funktionsfähigen Familiengemeinschaft. Die Familienmitglieder sollen in der Lage sein, neue Perspektiven für ihr persönliches und familiäres Zusammenleben zu entwickeln. Die Ziele der Nachsorge beziehen sich auf folgende Bereiche:

- Medizinische Betreuung der gesamten Familie durch Kinder- und Fachärzte,
- Verminderung körperlicher Beschwerden durch Heilmaßnahmen und Sportangebote,
- Förderung der Körperbeweglichkeit durch Krankengymnastik, Schwimm- und Reitangebote sowie durch Freizeitsport,
- Förderung der erkrankten Kinder und ihrer Geschwister in Kindergarten und Schule durch speziell geschultes Lehrpersonal,
- Reduzierung von seelischen Belastungen und Unterstüt-

zung der Krankheitsbewältigung durch psychologische Gesprächsangebote, psychologische Entspannungsverfahren, themenbezogene Gesprächsgruppen und eine auf Erholung abzielende Freizeitgestaltung,

- Verbesserung des Informationsstandes der Familie bezüglich der Erkrankung, ihrer Behandlung und den sich daraus ergebenden Konsequenzen durch Vorträge und Einzelberatungen,
- Vermittlung von Kontaktmöglichkeiten zu gleichsam betroffenen Familien durch gemeinsame Freizeitmaßnahmen und Elternabende,
- Unterstützung des Gesprächs zwischen den Familienmitgliedern durch Paar- und Familienberatungsgespräche,
- Vermittlung von sozialen Hilfen und anderen Unterstützungsmöglichkeiten am Wohnort der Familie durch Sozialberatung,
- Anregungen für eine bedürfnisnahe Freizeitgestaltung durch Freizeitpädagogen.

Für die Verwirklichung der genannten Ziele sorgt ein Behandlungsteam, das sich aus Ärzten, Krankenschwestern, Psychologen, Sozial- und Freizeitpädagogen, Lehrern und Erziehern zusammensetzt.

Derzeit bestehen in den alten Bundesländern vier Nachsorgeeinrichtuungen mit einem familienbezogenen Rehabilitationsangebot: Die Katharinenhöhe in Schönwald im Schwarzwald, die onkologische Nachsorgeklinik Bad Oexen in Bad Oeynhausen, das nur zeitweise belegte Elsa-Brandström-Haus in Hamburg und die Sylt-Klinik auf der Nordseeinsel Sylt. In den neuen Bundesländer verfolgt bisher nur die Brandenburg-Klinik in Bernau einen familienorientierten Ansatz bei Kindern mit Krebs. Der Aufenthalt in einer dieser Einrichtungen dauert in der Regel vier Wochen. Jedoch bieten nicht alle Institutionen ganzjährig Familienmaßnahmen an. Auch sind die Belegungsmöglichkeiten sehr unterschiedlich. Die Katharinenhöhe und die Nachsorgeklinik Bad Oexen machen ein ganzjähriges Angebot.

Der soziale Dienst innerhalb der Klinik, in dem das Kind behandelt wird, kann weitere Auskünfte über Angebot, Aufenthalts- und Finanzierungsmöglichkeiten von familienbezogenen Nachsorgemaßnahmen geben. Außerdem besteht die Möglichkeit, sich direkt an die Krankenkasse oder Rentenversicherung zu wenden, um weitere Informationen zu erhalten. Auch die Deutsche Leukämieforschungshilfe, Dachverband in Bonn ist eine wichtige Anlaufstelle für diesbezügliche Fragen. Weitere Kontakt- und Informationsadressen können unserem Adressenteil entnommen werden.

Bedauerlicherweise ist die Möglichkeit, daß die ganze Familie in eine Rehabilitationsklinik reist, noch nicht überall bekannt. Es können auch Probleme bei einer vollständigen Übernahme der Finanzierung einer derartigen Nachsorgemaßnahme durch Kranken- oder Rentenversicherungsträger auftreten, da bisher keine einheitlichen versicherungsrechtlichen Richtlinien vorliegen. Dies erstaunt umso mehr, als der Erfolg von Familienmaßnahmen bereits in mehreren wissenschaftlichen Untersuchungen bestätigt werden konnte. In einer eigenen Untersuchung in der Nachsorgeklinik Bad Oexen in Bad Oeynhausen konnten wir zeigen, daß die überwiegende Mehrzahl der Familien den Aufenthalt in der genannten Einrichtung als erholsam und entlastend erlebt. Die meisten Familien fühlten sich im Anschluß an die Behandlung entspannter und dem häuslichen Alltag besser gewachsen. Die von den befragten Familien geschilderte Wirkung spiegelte sich auch in der Inanspruchnahme der Angebote wider. So wurden insbesondere spannungsreduzierende Maßnahmen, wie Entspannungsverfahren und Massagen, als wohltuend und wirksam beschrieben.

Unterstützung im Anschluß an die akute Behandlung ihres Kindes erhalten Sie auch von den zahlreichen Elternkreisen krebskranker Kinder, die sich bundesweit etablieren konnten. Kontaktadressen können Sie Ihrem örtlichen Telefonbuch entnehmen oder erhalten Sie bei einer der großen Patienten- bzw. Interessenorganisationen (siehe Adressverzeichnis in diesem Buch). Womöglich kann Ihnen auch der Sozialarbeiter der Klinik weitere Informationen geben, in der Ihr Kind behandelt.

Schließlich möchten wir noch auf eine weiteres Angebot der Nachsorgeeinrichtungen Katharinenhöhe und Bad Oexen hinweisen. Mehrmals jährlich werden spezielle Nachsorgeaufenthalte für krebskranke Jugendliche (16 bis 20 Jahre) und junge Erwachsene (20–25 Jahre) angeboten. Hier wird versucht, den für diese Lebensabschnitte besonders bedeutsamen Problemfeldern (u. a. der Ablösung aus dem Elternhaus, Partnerschafts- und Freundschaftsfragen) mehr Raum zu geben. Gleichzeitig werden die Freizeitaktivitäten speziell auf die Interessen dieser Gruppen abgestimmt.

Patientenschulungen bei Asthma und Diabetes

Chronische Krankheiten machen es erforderlich, daß der Betroffene genau über Krankheitsauslöser, Vorbeugemaßnahmen und Behandlungsanordnungen Bescheid weiß. Der Erfolg der Behandlungsbemühungen hängt in entscheidender Weise vom Patienten selbst ab. In Form von Patientenschulungen können das kranke Kind und seine Angehörigen etwas über Krankheit und Behandlung lernen. Es ist jedoch nicht hinreichend, daß diese nur etwas über die Zusammenhänge von Krankheitsauslösern und Therapiemaßnahmen wissen. Sie müssen darüber hinaus in der Lage sein, dieses Wissen auch im Alltag richtig anzuwenden. Beim Asthma-Verhaltenstraining lernt das Kind beispielsweise, wie seine Krankheit verläuft, wie es Asthmaauslöser vermeiden und was es bei Atemnot unternehmen kann. Es erfährt außerdem, wie die Medikamente wirken, die es nehmen muß. Auch werden bestimmte Anforderungssituationen des Alltags im Rollenspiel geübt. Es werden praktische Strategien für den Umgang mit Ärzten, Lehrern und Freunden vermittelt. Vorrangiges Ziel ist es, das Kind über Vorbeugemaßnahmen aufzuklären, um ein Fortschreiten der Erkrankung oder schwere Anfälle zu vermeiden. Ein Asthma-Verhaltenstraining wird unter anderem von der Kinderambulanz der Universität Bremen angeboten (siehe Adressenverzeichnis).

Nicht nur für Asthma sind Patientenschulungsprogramme entwickelt worden. Diabetiker-Schulungen waren bereits lange vorher bekannt. Auch beim Diabetes kommt es entscheidend auf das Wissen und die Mitarbeit des Patienten an, will man massiven Stoffwechselentgleisungen und Spätkomplikationen vorbeugen. Die Kinder lernen, wie sie Fehler (z. B. mangelnde Hygiene, Luft in der aufgezogenen Spritze) bei den täglichen Insulininjektionen vermeiden können. Auch werden ihnen die Zusammenhänge zwischen ihrer Erkrankung, ihrer Ernährung und ihrer körperlichen Aktivität verdeutlicht. Auch Diabetikerschulungen gehen auf praktische Alltagssituationen ein. Das Kind lernt, auch in der Öffentlichkeit zu seinem Diabetes zu stehen.

Arbeitskreise Eltern rheumakranker Kinder und Jugendgruppen

Seit dreizehn Jahren besteht der bundesweite Arbeitskreis Eltern rheumakranker Kinder. Diese Vereinigung begleitet betroffene Familien bei Problemen innerhalb der Familie, in Schule und im Freizeitbereich. Inzwischen sind mehrere regionale Elterngruppen entstanden. Diese ermöglichen Gesprächsrunden, Seminare zu krankheitsbezogenen Themenbereichen und Familienfreizeiten. Darüber hinaus besteht ein weiterer Schwerpunkt in der Öffentlichkeitsarbeit. In Vorträgen und Ausstellungen wird über die Situation von Familien mit rheumakranken Kindern berichtet. Außerdem ist ein enger Kontakt zwischen den Elterngruppen und den speziellen Behandlungseinrichtungen vorhanden. Jugendliche Rheumakranke finden ab dem 16. Lebensjahr Aufnahme in Jugendgruppen, den „Young Rheumis", die ebenfalls eng mit den Elternkreisen zusammenarbeiten. Die Jugendorganisation hat sich zum Ziel gesetzt, rheumakranke Jugendliche und junge Erwachsene auf dem Weg in die Selbständigkeit zu unterstützen. Auf Informationstreffen und Wochenendseminaren lernen die Jugendlichen in Gesprächen mit Gleichbetroffenen und im Austausch mit Fachkräften, wie sie aktiv mit ihrer Krankheit leben können. Gemeinsame Freizeitaktivitäten werden auf die Interessen der Beteiligten abgestimmt.

Sozialrechtliche Hilfen und Informationen für Familien mit chronisch kranken Kindern

Behinderung

Schwierig ist es, chronische Krankheit und Behinderung begrifflich genau abzugrenzen; in der Lebenspraxis wird eine chronische Krankheit zumeist als Behinderung empfunden. „Behinderung" im Sinne des Schwerbehindertengesetzes (SchwbG Abschnitt 1 § 3, Absatz 1) ist „die Auswirkung einer nicht nur vorübergehenden Funktionsbeeinträchtigung, die auf einem regelwidrigen körperlichen, geistigen oder seelischen Zustand beruht. Regelwidrig ist der Zustand, der von dem für das Lebensalter typischen abweicht. Als nicht nur vorübergehend gilt ein Zeitraum von mehr als sechs Monaten. Bei mehreren Funktionsbeeinträchtigungen ist deren Gesamtauswirkung maßgeblich. Weiter heißt es im Absatz (2) desselben Paragraphen: „Die Auswirkung der Funktionsbeeinträchtigung ist als Grad der Behinderung (GdB), nach Zehnergraden abgestuft, von 20 bis 100 festzustellen." Der Grad der Behinderung bezieht sich auf die Auswirkungen einer Behinderung in allen Lebensbereichen.

Es ist dabei unerheblich, ob die Behinderung auf einer Krankheit, einem Unfall oder einer angeborenen Schädigung beruht. Ob eine Behinderung vorliegt, wird vom Arzt nach Prüfung der individuellen Umstände festgestellt.

Feststellung der Behinderung

Behinderte, deren Grad der Behinderung wenigstens 50 von Hundert beträgt, gelten im Sinne des Gesetzes als Schwerbehinderte. Eine Reihe von Sozialleistungen setzen die Festlegung des Grades der Behinderung und einer Reihe von zusätzlichen Merkmalen voraus, welche die Art der funktionellen Beeinträchtigung weiter beschreiben. Als Behindung gilt nur eine Funktionsbeeinträchtigung, die mindestens 20% beträgt. Zur weiteren Charakterisierung der körperlichen Behinderung stehen die folgenden gesundheitlichen Merkmale zur Verfügung, die neben dem Grad der Behinderung (GdB) im Schwerbehindertenausweis vermerkt sind:

G Bewegungsfähigkeit im Straßenverkehr erheblich eingeschränkt
aG Außergewöhnlich gehbehindert
H Hilflos
BL Blind
B Ständige Begleitung erforderlich
RF Rundfunkgebührenbefreiung und Telefongebührenermäßigung möglich.

Grundsätzlich wird das Vorliegen einer Behinderung nur auf Antrag des Betroffenen festgestellt. Die Feststellung eine Behinderung erfolgt durch die ärztlichen Dienste der Leistungsträger (z. B. Medizinischer Dienst der Krankenkasse). Beim Vorliegen einer Behinderung von 50 GdB sollte ein Antrag auf einen Schwerbehindertenausweis gestellt werden, um bestimmte Nachteilsausgleiche zu erlangen (§ 4Abs. 5 SchwbG).

Beantragung von Ausweisen

Den Antrag auf einen Behindertenausweis kann der Behinderte selbst oder im Falle chronisch kranker Kinder der Erziehungsberechtigte, also in der Regel die Eltern, beim örtlichen Versorgungsamt stellen. Ärztliche Unterlagen sollten dabei nach Möglichkeit gleich beigelegt werden. Grundlage für die Entscheidung des Versorgungsamtes über den Antrag bilden die 1983 vom damaligen Bundesminister für Arbeit und Sozialordnung herausgegebenen „Anhaltspunkte für die ärztliche Gutachtertätigkeit im sozialen Entschädigungsrecht und nach dem Schwerbehindertengesetz".

Wir möchten an dieser Stelle aber noch eine wichtige Anmerkung machen. Viele chronisch Kranke fühlen sich durch einen Behindertenausweis als „Behinderte" etikettiert und stigmatisiert. Trotz einer Reihe von sozialrechtlichen Vorteilen verzichten sie lieber auf die Beantragung.

Cay ist vierzehn Jahre alt. Er leidet unter chronischer Polyarthritis. Eigentlich wissen die meisten Mitschüler um seine Erkrankung. Was sie nicht wissen, ist, daß Cay seit zwei Jahren im Besitz eines Behindertenausweises ist. Seine Eltern haben auch die Wertmarke gekauft, so daß er im Nahverkehr unentgeltlich fahren kann. Cay muß den Bus benutzen, um seine zehn Kilometer entfernt gelegene Schule zu erreichen. Auf dem Weg dort hin trifft er eine Reihe von Mitschülern. Beim Einsteigen in den Bus zeigt Cay keineswegs seinen Behindertenausweis vor, sondern seine Monatskarte, welche er sich von seinem Taschengeld gekauft hat.

Alles hat damit begonnen, daß ihn damals ein Klassenkamerad nach dem Preis für eine Monatskarte gefragt hat. Er wußte keine Antwort darauf, hat aber auch nicht zugegeben, mit seinem Ausweis kostenfrei zu fahren, sondern irgendeine ausweichende Antwort gegeben.

Das Beispiel soll deutlich machen, in welchem Ausmaß sich besonders chronisch kranke Jugendliche unter der Etikettierung als „Behinderte“ leiden. Bevor also ein Antrag auf einen Behinderten- bzw. Schwerbehindertenausweis gestellt wird, sollte dieses mit dem Kind durchgesprochen werden. Möglicherweise kann der Sozialberater der Klinik, die Ihr Kind behandelt, an dem Gespräch beteiligt werden. So können in einem gemeinsamen Gespräch Vor- und Nachteile gegeneinander abgewogen werden.

Der Weg der Antragstellung

1. Antrag beim örtlichen Versorgungsamt (amtliche Vordrucke sind bei diesen Ämtern erhältlich)
2. Der Antrag sollte enthalten
– vollständige Angaben zu Gesundheitsstörungen und ihren Folgen
– ärztliche Unterlagen (soweit vorhanden) über Gesundheitsstörungen
– Bescheide und Entscheidungen über die Behinderung (wenn vorhanden)
– Lichtbild (Paßfoto), das jedoch bei Kindern unter zehn Jahren entfällt
3. Eingangsbestätigung und Feststellungsbescheid vom Versorgungsamt (bei Ablehnung kann Widerspruch eingelegt werden).
4. Ausstellung eines Schwerbehindertenausweises, wenn der GdB mindestens 50 beträgt.

In der Regel werden die Ausweise für einen Zeitraum von fünf Jahren ausgestellt. Bei kleinen Kindern gilt der Ausweis längstens bis zur Vollendung des zehnten Lebensjahres.

Im Ausweis kann auch bestätigt werden, wie lange die Behinderung schon besteht, wenn der Betroffene ein glaubhaftes Interesse signalisiert (z. B. Steuererleichterungen).

Mitaufnahme von Elternteilen

Ist die Mitaufnahme einer Begleitperson (z. B. der Mutter) in das Krankenhaus aus medizinischen Gründen notwendig (vgl. § 11, Abs. 3, SGB V), so entstehen dieser Begleitperson nach dem Entscheid des Bundessozialgerichts (BSG) dadurch keine zusätzlichen Kosten. Anfallende Nebenkosten, wie beispielsweise Reisekosten, Haushaltshilfe und Verdienstausfall sind ebenfalls von der Krankenkasse zu tragen. Für die Übernahme der Kosten durch die Kasse reicht die Angabe medizinischer Gründe. Scheidet eine Mitaufnahme aus, kann die Krankenkasse Besuchsfahrten einer Bezugsperson des Kindes finanzieren. Hier gibt es aber Unterschiede zwischen den Kassen hinsichtlich der Höhe eines zu erbringenden Eigenanteils.

Mütterkuren

Die Krankenkasse kann, wenn ambulante Behandlungsangebote nicht hinreichend sind, die Kosten einer stationären Vorsorge – und Rehabilitationsmaßnahme in einer Einrichtung des Müttergenesungswerkes oder einer gleichartigen Einrichtung ganz oder teilweise übernehmen. Der Leistungskatalog umfaßt die Kosten für Behandlung, Unterkunft und Verpflegung. Die geförderte Maßnahmendauer erstreckt sich im Regelfall auf vier Wochen. Eine erneute derartige Vorsorge- oder Rehabilitationsmaßnahme kann im Normalfall erst nach Ablauf von drei Jahren beantragt werden. Können akute gesundheitliche

Gründe angeführt werden, ist dieses jedoch auch schon vorher möglich.

Familienorientierte Nachsorgemaßnahmen bei Krebserkrankungen im Kindesalter

Die stationäre Nachsorgebehandlung kann vom niedergelassenen Arzt oder von der Klinik veranlaßt werden. Anträge auf eine Maßnahme im Rahmen der Anschlußheilbehandlung können dabei bis zu zwei Jahren nach erfolgter Akutbehandlung bei den Krankenkassen vorgelegt werden. Versicherte aus Nordrhein-Westfalen richten ihre Anträge an die Arbeitsgemeinschaft für Krebsbekämpfung in Bochum. Dabei können nach Paragraph 40 Absatz 2 SGB V im Auftrag der zuständigen Krankenkasse auch Versicherte betreut werden, die ihren Wohnsitz außerhalb Nordrhein-Westfalens haben.

Die Aufnahmevoraussetzungen sind den Richtlinien der Arbeitsgemeinschaft für die Gewährung von stationären Nachbehandlungen bei Geschwulstkrankheiten und Systemerkrankungen zu entnehmen. Dabei bestehen folgende medizinische Aufnahmevoraussetzungen für das kranke Kind:

1. Das Vorliegen einer Krebserkrankung muß durch Festlegung der Diagnose geklärt sein.
2. Operative und Strahlenbehandlungsmaßnahmen müssen abgeschlossen bzw. vorläufig abgeschlossen sein. Eine fortlaufende chemotherapeutische Behandlung stellt kein Hindernis für die Gewährung der stationären Nachbehandlung dar.
3. Die Erkrankung soll medizinisch günstig beeinflußbar sein.

4. Eine ausreichende Belastbarkeit für die stationäre Nachsorge muß beim Patienten gegeben sein.
5. Der Betreute sollte allein reisefähig sein.

Geht es um eine familienorientierte Nachsorge, stellen die Eltern für sich und eventuelle Geschwister des kranken Kindes den Antrag bei der zuständigen Krankenkasse. Die Notwendigkeit einer familienorientierten Nachsorgemaßnahme muß vom Arzt ausführlich medizinisch begründet werden. Darüber hinaus sollten psychische und soziale Gesichtspunkte im Antrag Berücksichtigung finden. Fragen zur Antragsstellung können an die Beauftragte für Finanzierungsfragen der Arbeitsgemeinschaft für Krebsbekämpfung gerichtet werden (siehe Adressenverzeichnis).

Schulische Wiedereingliederung

Im allgemeinen gilt der Grundsatz: Je besser die schulische Ausbildung, desto günstiger sind die späteren Berufsmöglichkeiten. Chronisch kranke und/oder behinderte Kinder haben denselben Anspruch auf eine Ausbildung, die ihre Fähigkeiten und Neigungen unterstützt wie Nichtbetroffene. Sie sollten nach Möglichkeit zusammen mit ihren Altersgenossen allgemeine Kindergärten und Regelschulen besuchen. Wie bereits in einem anderen Abschnitt dieses Buches dargestellt, benötigen sie aber unter Umständen je nach Art und Schwere ihrer Krankheit eine besondere Ausstattung, zusätzliche Betreuung und technische Hilfen in der Schule. Integrative Kindergarten- und Schulprojekte zielen darauf ab, daß die Bedürfnisse behinderter und nicht-behinderter Kinder gleichsam Berücksichtigung finden. In einigen Fällen kann jedoch die Beschulung im Rahmen einer speziellen sonderpädagogischen Einrichtung dem chronisch kranken Kind größere Vorteile und eine angemessenere Förderung bringen. Unter dem Begriff „Sonderschule" verstehen viele immer noch ausschließlich Schulen für geistig- oder entwicklungsbehinderte Kinder. Tatsächlich gibt es aber eine Reihe von sehr unterschiedlichen Einrichtungen, die auf unterschiedliche körperliche und geistige Beeinträchtigungen abgestimmt sind. So gibt es neben Sonderschulen für geistig Behinderte, spezielle Lehrstätten für Körperbehinderte, Sprachbehinderte, Sinnesbehinderte, Lernbehinderte und Verhaltensbehinderte. Es handelt sich dabei um Halb- oder Ganztagsschulen. In einigen Fällen ist auch ein Internat an die Schule angeschlossen. In den einzelnen Bundesländern finden sich unterschiedliche Regelungen bezüglich des Sonderschulbesuches. Diese sind bei den Schulämtern zu erfahren. Bei einigen Behinderungsarten wird die Schulpflicht an Sonderschulen generell um drei Jahre verlängert. Die Schulpflicht für Behinderte endet aber spätestens mit dem 21. Lebensjahr.

Über einen Sonderschulbesuch des Kindes zur Ableistung der Schulpflicht entscheiden die Schulämter nach Anhörung der Eltern und des Gesundheitsamtes. Bildungsberatungsstellen und schulpsychologischer Dienst unterstützen dabei Eltern und Kinder in der Schullaufbahnberatung.

Die Entscheidung für eine sonderpädagogische Einrichtung muß keineswegs endgültig sein. Die Rückkehr in die Regelschule ist möglich, wenn im Gespräch von Eltern, Schule und therapeutischen Einrichtungen ein solcher Schritt als günstig befunden wird. Dennoch haben viele Eltern Vorbehalte gegenüber einem Sonderschulbesuch. Sie befürchten eine zusätzliche Stigmatisierung und spätere Benachteiligung ihres Kindes. Diese Ängste sind verständlich. In einigen Fällen kommt es tatsächlich vor, daß zu einem späteren Zeitpunkt Nachteile bei der Berufslaufbahn nicht auszuschließen sind. Es ist aber auch zu bedenken, daß beispielsweise in einer Sondereinrichtung ein höherer Schulabschluß möglich sein kann als in einer Regelschule, da hier dem Kind spezielle Hilfen zur Verfügung stehen und auf besondere Anforderungen im Zusammenhang mit der körperlichen Beeinträchtigung Rücksicht genommen wird. Darüber hinaus wird hier die Persönlichkeitsentwicklung des Kindes gefördert. Das Kind lernt, selbstbewußt mit Krankheit und Behinderung umzugehen. So werden etwaige Nachteile des befürchteten „Stigma Sonderschule“ möglicherweise wieder ausgeglichen.

Sollte die Schule abgeschlossen und die Entscheidung für ein Studium gefallen sein, so ist es wichtig zu wissen, daß aufgrund einer Behinderung kein Studienbewerber von einer Integration in die Hochschule ausgeschlossen werden kann. Studierwillige können Auskunft über behindertengerechte Einrichtungen an den einzelnen Hochschulen und spezielle finanzielle Förderungsmöglichkeiten für Behinderte während ihres Studiums beim Deutschen Studentenwerk e.V. (vgl. Adressenverzeichnis) erhalten. Zahlreiche Informationen und Tips sind auch aus der Broschüre „Behinderte studieren“ zu entnehmen, die ebenfalls beim Studentenwerk angefordert werden kann.

Abschließend sei noch auf eine besondere Studienmöglichkeit hingewiesen. Die Universität Hagen bietet Fernstudiengänge an. Hierbei werden Lernort, Lernzeit und Lerngeschwindigkeit weitgehend vom jeweiligen Studenten selbst bestimmt. Der Nachteil ist allerdings, daß kein Kontakt zu Mitstudenten besteht und dadurch der Student am Wohnort auf sich gestellt ist.

Wenn ein Studium die einzige Möglichkeit ist, um einen Körperbehinderten dauerhaft in das Berufsleben einzugliedern, kann unter besonderen Voraussetzungen auch das Studium an einer Ingenieurschule, einer Fachhochschule, einer

Hochschule/Universität oder an einer ähnlichen Ausbildungsstätte als Rehabilitationsmaßnahme gefördert werden. Im übrigen gelten die Leistungen des Bundesausbildungsförderungsgesetzes (BAföG) auch für behinderte Studenten.

Fahrtkosten behinderter Schüler

Für die Übernahme von Fahrtkosten behinderter Schüler von der Wohnung zur Schule und zurück mit öffentlichen Verkehrsmitteln oder mit Privatfahrzeugen sowie der Fahrtkosten von Begleitpersonen gelten in den Bundesländern besondere Regelungen, die bei den örtlichen Schulämtern erfragt werden können.

Erleichterungen im öffentlichen Personennahverkehr

Im öffentlichen Personennahverkehr erhalten Schwerbehinderte „Freifahrten", wenn ihre Bewegungsfähigkeit erheblich eingeschränkt ist oder sie hilflos sind. Gleiches gilt für Blinde und Gehörlose. Im Schwerbehindertenausweis muß dieses mit dem entsprechenden Buchstaben „G", „aG", „H" oder „BL" vermerkt sein. Voraussetzung für die Freifahrt ist das Beiblatt zum Schwerbehindertenausweis, das beim Versorgungsamt erhältlich ist. Dieses ist mit einer Wertmarke versehen, die eine Gültigkeit von zwölf Monaten besitzt. Schwerbehinderte mit den Merkzeichen „H" oder „BL" erhalten die Marke kostenlos.

Gleiches gilt für Arbeitslose, Sozialhilfeempfänger oder Personen, die dem Jugendwohlfahrtsgesetz unterliegen. Wer die Ausweismerkmale „G" oder „aG" nachweisen kann, bekommt die Wertmarke für 120,– DM beim Versorgungsamt.

Unter Nahverkehr sind Busse, U- und S-Bahnen, Bundes- oder Reichsbahn in einem Umkreis von 50 km vom Wohnort, sowie Schiffe im Linien-, Fähr- und Übersetzverkehrs im Nahbereich zu verstehen. Eine erforderliche Begleitperson muß mit dem Ausweismerkmal „B" vermerkt sein. Diese fährt stets kostenfrei, auch wenn der Ausweisinhaber keine Wertmarke gekauft haben sollte. Freifahrtberechtigte können auch Rollstühle und andere Hilfsmittel unentgeltlich mitnehmen.

Erleichterungen im Fernverkehr

Begleitpersonen fahren auch auf weiteren Strecken der Deutschen Bundesbahn/Deutschen Reichsbahn kostenfrei, wenn die Notwendigkeit im Ausweis nachgewiesen ist. Allen Mobilitätsbehinderten werden eine Reihe von Serviceleistungen angeboten. So können Gepäckträger, Taxen sowie rollstuhlgerechte Stellplätze reserviert werden. Darüber hinaus sind Intercity- und Intercity-Express-Züge rollstuhlgerecht gestaltet. Beispielsweise sind geräumige Plätze in den Großraumwagen vorbestellbar und behindertenfreundliche Toiletten vorhanden. Wenn auf einer Reise die Hilfe von Betreuungsstellen (z. B. Bahnhofsmission) in Anspruch genommen werden muß, sollte man dieses möglichst schon einige Tage vor Reiseantritt schriftlich beim DB-Reisezentrum anmelden. An dieser Stelle sei noch einmal auf den „Reiseführer für unsere behinderten Fahrgäste" verwiesen (siehe Familienausflüge und Urlaubsreisen).

Die Fluglinien befördern Begleitpersonen von Schwerbehinderten im innerdeutschen Flugverkehr unentgeltlich, wenn sich das Merkzeichen „B" im Ausweis findet. Weitere Hinweise können der Broschüre „Reisetips für behinderte Fluggäste" entnommen werden, die bei den Lufthansa

Stadtbüros und an bundesdeutschen Flughäfen auf Anfrage erhältlich ist. Für alleinreisende Kinder sorgt die Lufthansa mit einem speziellen Begleitservice.

Wohnungsbaudarlehen

Öffentliche Mittel (u. a. Baudarlehen) stehen im Rahmen des sozialen Wohnungsbaus zur Verfügung, um den Bau bzw. Kauf von Eigenheimen und Eigentumswohungen zu fördern. Voraussetzung für die Inanspruchnahme dieser Mittel bilden bestimmte Einkommensgrenzen, die nicht oder nur geringfügig überschritten werden dürfen. Jungen Ehepaaren, die nicht älter als 40 und die nicht länger als fünf Jahre verheiratet sind, wird ein zusätzlicher Freibetrag gewährt. Zusätzliche Freibeträge werden darüber hinaus für Schwerbehinderte nach ihrem Grad der Behinderung vergeben. Hat eine Familie zwei oder mehr Kinder kann ein Familienzusatzdarlehen gewährt werden. Für bauliche Sondermaßnahmen (z. B. Türverbreiterungen) vergeben Bund und Länder zinslose oder zinsbillige Darlehen.

Auf diese Darlehen besteht jedoch kein Rechtsanspruch und ihre Vergabe erfolgt nach Maßgabe der vorhandenen Mittel. Beschäftigte mit mittleren bis höheren Einkommen, die bestimmte Einkommensgrenzen bis zu 40% überschreiten, können günstige Darlehen über den sogenannten zweiten Förderungsweg erhalten. Dabei müssen sie sich allerdings verpflichten, bestimmte Wohnraumgrößen einzuhalten. Die Ämter für Wohnungswesen der Gemeinden und Kreisverwaltungen erteilen weitere Auskünfte über die Förderungsbestimmungen und vergeben Antragsformulare. Weitere Darlehen, Zuschüsse und Beihilfen werden von Hauptfürsorgestellen, den Rehabilitationsträgern und der Sozialhilfe für behindertengerechte Wohnungen vergeben.

Steuerliche Erleichterungen

Jeder Arbeitgeber berechnet die Lohnsteuer für seinen Angestellten nach den Eintragungen auf der Lohnsteuerkarte und der gültigen Lohnsteuertabelle. Zusätzlich zu den bereits auf der Karte vermerkten Eintragungen können sich Eltern chronisch kranker und behinderter Kinder Freibeträge, sogenannte Pauschbeträge (§ 33 Einkommensteuergesetz EStG) eintragen lassen. Daraus ergeben sich für die Familien eine Reihe von Konsequenzen:

1. eine geringere Steuerbelastung und
2. dadurch ein höheres Nettogehalt sowie
3. eine erhöhte Berechnungsgrundlage für eventuelles Arbeitslosen- oder Kurzarbeitergeld.

Dem Finanzamt muß der Behinderungsgrad (bei einem GdB von unter 50 ist eine Bescheinigung des Versorgungsamtes erforderlich) und die zusätzlichen Merkmale nachgewiesen werden, bevor die Freibeträge auf der Lohnsteuerkarte eingetragen werden. Das geschieht durch die von den Versorgungsämtern ausgestellten Behindertenausweise. Die Frei- oder Pauschbeträge erhöhen sich mit dem Grad der Behinderung und dem Vorhandensein der Merkmale „H“ für hilflos und „BL“ für blind. Freibeträge können für Kinder auf der Lohnsteuerkarte ohne Altersbeschränkung eingetragen werden, wenn diese wegen einer Behinderung nicht in der Lage sind, sich selbst zu unterhalten. Ansonsten gelten die Altersgrenzen 16 Jahre und 27 Jahre für noch in der Ausbildung befindliche Kinder. Das Finanzamt legt einen bestimmten Betrag fest, der für die Selbstversorgung des behinderten Kindes erforderlich ist. Sie können jedoch auch einen höheren, behinderungsbedingten Unterhaltungsbedarf geltend machen. Dazu zählen Ausgaben für beispielsweise diätetische Lebensmittel, Kleidungsstücke (z. B. spezielles Schuhwerk), Pflegeleistungen, behinderungs- bzw. krankheitsbedingte Fahrten (z. B. zur Krankengymnastik, zum Arzt oder zum Krankenhaus). Im Rahmen des Familiengesamteinkommens werden Pflegegeldzahlungen des Sozialamtes oder rückzahlbare BAföG-Darlehen nicht berücksichtigt. Diese beeinflussen also die Höhe des Freibetrags nicht. Verfügt ein Kind über Vermögen, das 30000 DM überschreitet, muß dieses zur Pflege eingesetzt werden.

Wenn Ihr Kind selbst keinen Steuererlaß geltend macht, können Sie einen Pauschbetrag für die Pflege und Versorgung eines pflegebedürftigen Körperbehinderten in der Steuererklärung berücksichtigen (Pflegepauschbetrag bei Merkzeichen „H"). Der Behinderte oder seine Eltern können auf die Pauschbeträge verzichten und alle Aufwendungen im Zusammenhang mit der chronischen Erkrankung bzw. Behinderung als außergewöhnliche Belastungen beim Finanzamt geltend machen. Unter Umständen ist es auch möglich, steuerliche Erleichterungen nachträglich zu erhalten, wenn das Versorgungsamt den Grad der Behinderung rückwirkend bescheinigt.

Zusätzlich können sie Ausbildungsfreibeträge, also Aufwendungen geltend machen, wenn Kinder sich in der Ausbildung befinden.

Weitere Informationen zu steuerrechtlichen Fragen erhalten Sie beim

Bundesverband für spastisch Gelähmte
und andere Körperbehinderte e.V.
Brehmstr. 5–7
40239 Düsseldorf
Tel. 0211/626651

Krankengeld

Krankenpflichtversicherte Elternteile haben Anspruch auf Krankengeld, wenn die Betreuung oder Pflege des kranken und mitversicherten Kindes es erforderlich macht, daß sie von der Arbeit fern bleiben und niemand sonst im Haushalt das Kind betreuen könnte. Dabei besteht eine Altersgrenze für das betreffende Kind. Dieses darf das zwölfte Lebensjahr noch nicht vollendet haben. Der Anspruch auf Krankengeld besteht für jeweils zehn Tage pro Kalenderjahr. Für alleinerziehende Versicherte erhöht sich dieser auf 20 Tage. Maximal können von jedem versicherten Elternteil 25 Arbeitstage (bei Alleinerziehenden maximal 50 Arbeitstage) in einem Kalenderjahr beansprucht werden. Dieser Anspruch wird nicht erfüllt, wenn der Arbeitgeber den Versicherten aus dem gleichen Grund eine bezahlte Freistellung ermöglicht. Der Arbeitgeber ist also stets die erste Anlaufstelle.

Häusliche Pflege

Das Bundessozialhilfegesetz (BSHG) unterscheidet bei häuslicher Pflege zwischen gewöhnlicher und erheblicher sowie Schwerstpflegebedürftigkeit und hat dafür ein abgestuftes Pflegegeld vorgesehen (§ 69 BSHG). Entsprechende Aufwendungen und Beihilfen werden gezahlt, wenn der Behinderte nur einzelne Verrichtungen nicht selbst vornehmen kann. Dieses ist aber nicht als Pflegegeld anzusehen. Der Grad der Pflegebedürftigkeit wird in der Regel von den Gesundheitsämtern festgestellt. Von den Ärzten wird ein Gutachten erstellt, das dem Sozialamt zugestellt wird. Denn allgemein gilt: Der Grad der Behinderung sagt noch nichts über die Pflegebedürftigkeit aus. Die Kosten der Pflegebedürftigkeit werden nicht in jedem Fall von der Sozialhilfe getragen. Das Bundessozialhilfegesetz sieht ein Nachrangigkeitsprinzip vor. Das bedeutet, daß zunächst eigenes Einkommen und Vermögen eingesetzt werden müssen, bevor die Sozialhilfe die Pflege finanziert. In Abhängigkeit vom Grad der Pflegebedürftigkeit gelten unterschiedliche Einkommensgrenzen. Hilfe zur Pflege kann ausschließlich als Geldleistung gewährt werden, wenn die Angehörigen oder Nachbarn die Pflege übernehmen. Wird eine besondere Pflegekraft in Anspruch genommen, kann das Pflegegeld um bis zu 50% gekürzt werden (§ 69 Abs. 5 S. 2 BSHG).

Eine häusliche Krankenpflegehilfe wird gestellt, wenn dieses erforderlich erscheint, um dadurch Krankenhausaufenthalte zu vermeiden und Behandlungserfolge zu sichern (Sicherungspflege). Sie umfaßt die im Einzelfall erforderliche Grund- und Behandlungspflege sowie die hauswirtschaftliche Versorgung. Bedauerlicherweise verfügen nur wenige Städte über ambulante soziale Dienste, die Kinderkrankenschwestern beschäftigen. Ein positives Beispiel ist in der „Mobilen Kinderkrankenpflege" der Stadt Frankfurt/Main (siehe Adressenverzeichnis) zu sehen. Hier können Sie auch weitergehende Informationen über mögliche Anbieter von Hauspflege für kranke Kinder an Ihrem Wohnort erhalten. In der Regel werden die Pflegedienste von Wohlfahrtsverbänden (Arbeiterwohlfahrt, Diakonie, Caritas etc.) betrieben. Für die Bewilligung einer häuslichen Pflegehilfe durch die Krankenkasse ist es hinreichend, wenn ein Elternteil die Bedingungen der Vorversicherungszeit erfüllt. Ob diese Voraussetzung in Ihrem Fall gegeben ist, sollten Sie mit Ihrer Krankenkasse klären. Die Leistungen der gesetzlichen Krankenversicherung haben Vorrang vor der Hilfe zur Pflege nach dem Bundessozialhilfegesetz.

Zusätzlich ist es möglich, eine häusliche Pflegehilfe für schwerpflegebedürftige Kinder zu beantragen. Neben der

Vorversicherungszeit eines Elternteils ist eine ärztliche Begutachtung des Patienten durch den Medizinischen Dienst der Krankenkassen erforderlich. Das Verfahren wird durch ein hausärztliches Attest eingeleitet, das der Kasse vorgelegt wird. Sollte die Krankenkasse nach Auswertung des Gutachtens des Medizinischen Dienstes die Schwerpflegebedürftigkeit nicht anerkennen, so kann gegen diesen Bescheid Widerspruch eingelegt werden. Dieser hat meist eine erneute Prüfung durch den Medizinischen Dienst zur Folge. Seit Januar 1991 können pflegende Eltern oder Angehörige von schwerpflegebedürftigen Kindern monatlich bis zu 25 Stunden entlastet werden. Dieser „Sachleistung" wird ein Wert von 750,– DM beigemessen. Wer diese Leistung nicht in Anspruch nehmen möchte, kann wahlweise von der Krankenkasse monatlich eine Geldleistung in Höhe von 400,– DM gezahlt bekommen. Dieses Pflegegeld wird allerdings nur gezahlt, wenn die Pflege des Patienten sichergestellt ist. Das Sozialamt rechnet das von der Krankenkasse gezahlte Pflegegeld auf die Sozialhilfe an.

Erholungsurlaub für pflegende Angehörige

Sollten sich die Eltern eines schwerpflegebedürftigen Kindes zu einem Erholungsurlaub entschließen, um neue Kräfte zu sammeln, wird von der Krankenkasse für einen Zeitraum von maximal vier Wochen jährlich eine Pflegekraft gestellt. Da der gezahlte Pflegesatz sehr gering ist, wird diese Pflegekraft kaum in der Lage sein, täglich zu erscheinen und wenn, dann nur für ganz kurze Zeiträume. Sollten also keine anderen Personen, die Betreuung des Kindes übernehmen können, scheidet diese „Hilfe" faktisch aus.

Befreiung von der Zuzahlungspflicht zu Arznei, Heil- und Hilfsmitteln sowie stationären Aufenthalten

In der Sozialgesetzklausel des Sozialgesetzbuch Fünf (SGB V) heißt es:

„Die Krankenkasse hat
1. Versicherte von der Zuzahlung zu Arznei-, Verbands- und Heilmitteln sowie zur stationären Vorsorge- und Rehabilitationsleistungen [...] zu befreien,
2. [...]
3. die im Zusammenhang mit einer Leistung der Krankenkasse notwendigen Fahrtkosten von Versicherten zu übernehmen,

wenn die Versicherten unzumutbar belastet würden."

Unzumutbarkeit liegt dann vor, wenn die monatlichen Bruttoeinnahmen zum Lebensunterhalt 40% des monatlich durchschnittlichen Arbeitsentgeltes (§ 18, SGB IV) nicht überschreiten. Bei Alleinstehenden entsprach dieses im Jahr 1992 1.400,– DM monatlich in den alten und 840,– DM in den neuen Bundesländern.

Beim Familieneinkommen werden die Einkünfte des Ehemannes, der Ehefrau und der Kinder zusammengerechnet und die Härtefallgrenzen entsprechend verschoben.

Kinder und Jugendliche bis zum 18. Lebensjahr sind aber – mit Ausnahme bei der Zuzahlungspflicht bei Zahnersatz und bei Fahrtkosten – auch dann von Zuzahlungen befreit, wenn das Familieneinkommen über der Einkommensgrenze liegt. Chronisch kranke Kinder sind in der Regel auf eine Reihe von Medikamenten und Hilfsmittel angewiesen. Eine Zuzahlung würde weitere unzumutbare finanziellen Belastungen für die Familien mit sich bringen. Kinder und

Jugendliche unter 18 Jahren zahlen auch bei der Krankenhauspflege nicht zu.

Chronisch kranke und behinderte Ausländer

Das Sozialversicherungsrecht macht grundsätzlich keinen Unterschied zwischen Deutschen und Ausländern, wenn diese sich rechtmäßig im Geltungsbereich des Gesetzes aufhalten (§ 3 SGB IV). Ausführliche Auskünfte sind zu erhalten bei den Beratungsstellen der Wohlfahrtsverbände sowie den Kranken- und Rentenversicherungsträgern.

ANHANG

Im Text verwendete Literatur

Aagenæs, Haug, J. (1989) Jervell, J., Diabetes hos barn og unge voksne. Oslo: Universitetsforlaget.

Arbeitsgemeinschaft der Deutschen Hauptfürsorgestellen. Das ABC der Behindertenhilfe. 3. Auflage (1990). Köln: Acon.

Arnold, S. Meyer, M. Mundt, E. (1989). Buchempfehlungsliste für Kinder im Krankenhaus. 2. erweiterte Auflage. München: Deutscher Ärztinnenbund e.V., Aktion „Das fröhliche Krankenzimmer".

Arnvard, M. (1991). Håndbok for foreldre/foresatte til kreftsyke barn. Oslo: Stteforeningen for Kreftsyke Barn.

Bracken, J. M. (1986). Barn och cancer. Om cancervård – en introduktion för föräldrar och vårdpersonal. Stockholm: Almqvist & Wiksell.

Der Bundesminister für Arbeit und Sozialordnung (1990). Ratgeber für Behinderte. Bonn: Referat Öffentlichkeitsarbeit.

Deutsche Rheuma-Liga (1986). Merkblätter Rheuma. Bonn: Deutsche Rheuma-Liga Bundesverband e.V.

Fröhlich, A. (1993). Zu viel verlangt? Alles Gute für das Kind. Selbsthilfe, 2, S. 16–18.

Haaf, H. G. Kaatsch, P. Michaelis, J. (1993). Jahresbericht 1991 des Deutschen Kinderkrebsregisters. Mainz: Bericht des Instituts für Medizinische Statistik und Dokumentation.

Hirsch, A. (1992). Mit Diabetes leben lernen: Wege zur seelischen Bewältigung des Diabetes. Mannheim: PAL.

Hürter, P. Jastram, H. U. Regling, B. Toeller, M. Lange, K. Weber, B. Burger, W. Haller, R. (1989). Diabetes-Buch für Kinder. Köln: Deutscher Ärzte Verlag.

Jungnitsch, G. (1992). Schmerz- und Krankheitsbewältigung bei rheumatischen Erkrankungen. Psychologische Hilfen im Einzel- und Gruppentraining. München: Quintessenz.

Kroll, T. (1992). The family's impact on coping with a rheumatic disease. Unveröffentlichtes Referatmanuskript. Nordic Youth Conference in Hadelland, Norwegen.

Kusch, M. (1992). Verhaltensmedizinische Schmerzbehandlung: Vorbereitung auf die Lumbalpunktion, Kindheit und Entwicklung, 1, 53–57.

Miltner, W. Birbaumer, N. Gerber, W. D. (1986). Verhaltensmedizin. Berlin: Springer.

Norges Handicapforbund (NHF) und Handicappede Barns Foreldreforening (HBF) (1990). Bolig for funksjonshemmede barn. Arbeidshefte for boligtilpassing. Oslo.

Peck, C. (1990). Schmerz laß nach. Selbsthilfe bei chronischen Schmerzen. Reinbek: Rowohlt.

Petermann, F. (1992). Psychologie des Vertrauens. München: Quintessenz, 2. neubearbeitete Auflage.

Petermann, F. Bode, U. Schlack, H. G. (Hrsg.) (1990). Chronisch kranke Kinder und Jugendliche. Köln: Deutscher Ärzte Verlag.

Petermann, F. Lecheler, J. (1992) (Hrsg.). Patientenschulung. Deisenhofen: Dustri.

Petermann, F. Kusch, M. Bode, U. (1992). Invasive Prozeduren: Schmerzbewältigung und verhaltensmedizinische Schmerzbehandlung. Kindheit und Entwicklung, 1, 48–52.

Petermann, F. Petermann, U. (1993). Training mit aggressiven Kindern. Weinheim: Psychologie Verlags Union, 6. neubearbeitete Auflage.

Petermann, F. Noeker, M. Bode, U. (1987). Psychologie chronischer Krankheiten im Kindes- und Jugendalter. München: Psychologie Verlags Union.

Petermann, F. Walter, H.-J. Köhl, C. Biberger, A. (1993). Asthma-Verhaltenstrainings (AVT) mit Kindern und Jugendlichen. München: Quintessenz.

Petermann, F. Kroll, T. Schwarz, B. (1994). Rehabilitation bei Familien mit krebskranken Kindern. Frankfurt/M.: Peter Lang.

Petermann, F. Wiedebusch, S. Kroll, T. (Hrsg.) (1994). Schmerz im Kindesalter. Göttingen: Hogrefe.

Riis, T. (1993). Astma og Allergi: Hva gjr vi? Oslo: Norsk Kulturforlag A/S.

Roth, R. Borkenstein, M. (Hrsg.) (1991). Psychosoziale Aspekte in der Betreuung von Kindern und Jugendlichen mit Diabetes. Basel: Karger.

Schmid, R. Engelmohr, I. Maidhof-Schmid, K. (1992). Kranke Kinder und Aktive Eltern: Eltern Selbsthilfe Gruppen. Lübeck: Schmidt-Römhild.

Subak-Sharpe, G. (1990). Asthma: Ganzheitliche Therapie für Asthmakranke und Rat für ihre Angehörigen. München: BLV.

Trenk-Hinterberger, P. (1993). Die Rechte behinderter Menschen und ihrer Angehörigen. Düsseldorf: Bundesarbeitsgemeinschaft Hilfe für Behinderte.

Truckenbrodt, H. (1989). Rheumakranke Kinder. Welchen Sport dürfen sie treiben? Medical Tribune, 13, 1336–1337.

von Altenbockum, C. Hibler, M. Spamer, M. Truckenbrodt, H. (1993). Juvenile chronische Arthritis. Entwicklung von Achsenfehlstellungen an Hand, Knie und Fuß und ihre krankengymnastische Behandlung. München: Hans Marseille.

Wiedebusch, S. (1992). Krankheitskonzepte von Kindern und Jugendlichen mit juveniler chronischer Arthritis. Göttingen: Hogrefe.

Adressen- und Serviceteil

Wichtige Kontaktadressen und Anlaufstellen

Bundesarbeitsgemeinschaft
„Hilfe für Behinderte“ e.V.
Kirchfeldstr. 149
40215 Düsseldorf
Tel. 0211/310060

Bundesarbeitsgemeinschaft
der Clubs Behinderter und
ihrer Freunde e.V.
Pfitznerstr. 10
55118 Mainz

Dachverband Psychosozialer
Hilfsvereinigungen e.V.
Thomas-Mann-Str. 49a
53111 Bonn
Tel. 0228/632646

Reichsbund der Kriegsopfer,
Behinderten, Sozialrentner
und Hinterbliebenen e.V.
Beethovenstr. 56–58
53115 Bonn

Arbeiterwohlfahrt
Bundesverband
Oppelner Str. 130
53119 Bonn

Deutsches Rotes Kreuz e.V.
Friedrich-Ebert-Allee 71
53113 Bonn

Verband der Kriegs-
und Wehrdienstopfer,
Behinderten und Sozialrentnern
Deutschlands e.V. (VdK)
Wurzerstr. 2–4
53165 Bonn

Diakonisches Werk – EKD e.V.
Stafflenbergstr. 76
70184 Stuttgart

Zentralwohlfahrtsstelle der
Juden in Deutschland e.V.
Hebelstr. 6
60318 Frankfurt am Main

Deutscher Paritätischer
Wohlfahrtsverband e.V.
– Gesamtverband –
Heinrich-Hoffmann-Str. 3
60528 Frankfurt am Main

Deutscher Caritasverband e.V.
Karlstr. 40
79104 Freiburg im Brsg.

Patientenorganisationen

Asthma

Allergiker- und Asthmatikerbund e.V.
Hindenburgstr. 110
41061 Mönchengladbach
Tel. 02161/183024
Zentrale Beratung: 02161/10207

Deutsche Allergie- und Asthmahilfe e.V.
Dorotheenstr. 174
22299 Hamburg

Arbeitsgemeinschaft
Allergiekrankes Kind –
Hilfen für Kinder mit Asthma, Ekzem
oder Heuschnupfen e.V.
Hauptstr. 29 II
35745 Herborn
Tel. 02772/41237

Krebs

Deutsche Krebshilfe e.V.
Thomas-Mann-Straße 40
53111 Bonn
Tel. 0228/729900

Deutsche Leukämie Forschungshilfe
– Aktion für krebskranke Kinder e.V. –
Dachverband
Joachimstr. 20
53113 Bonn
Tel. 0228/221813

Förderverein für krebskranke
Kinder e.V. Freiburg
z.Hd. Frau Gretel Sillmann-Richter
Mathildenstr. 4
79106 Freiburg/Brsg.
Tel. 0761/275242

Diabetes

Deutscher Diabetiker-Bund e.V.
Bundesgeschäftsstelle und
Zentrum für jugendliche Diabetiker
Danziger Weg 1
58511 Lüdenscheid
Tel. 02351/85053

Verein zur Förderung diabetischer
Kinder und Jugendlicher e.V.
Bundesgeschäftsstelle
Goebenstr. 16
30161 Hannover
Tel. 0511/664843

Die Insuliner
Bundesgeschäftsstelle
Kontaktstelle der Insulinergruppen
und Redaktion der Insuliner-Zeitung
Anneliese Kuhn-Prinz Insuliner-Verlag
Am Heydwolf 16
35274 Kirchhain-Schönbach
Tel. 06422/6799

Kinder-Eltern-Gruppe
Anna Lauer
Finkenstr. 16
35043 Marburg Cappel
Tel. 06421/41520

Rheuma

Deutsche Rheuma-Liga e.V.
Bundesverband
Arbeitskreis Eltern rheumakranker
Kinder
Rheinallee 69
53173 Bonn
Tel. 0228/355425

Deutsche Vereinigung
Morbus Bechterew e.V.
(DVMB)
– Geschäftsstelle –
Metzgergasse 16
97421 Schweinfurt
Tel. 0971/22033

Deutscher Psoriasisbund e.V.
Oberaltenallee 20 A
22081 Hamburg
Tel. 040/2270985 oder
040/2270986

Spezielle Einrichtungen für die Betreuung chronisch kranker Kinder

Familienorientierte Nachsorgemaßnahmen bei Krebs im Kindesalter

Katharinenhöhe
Rehabilitationsklinik für
Kinder mit Familie, Jugendliche
und junge Erwachsene
78141 Schönwald/Schwarzwald

Onkologische Nachsorgeklinik
Bad Oexen
Kinderhaus
Oexen 27
32549 Bad Oeynhausen

Syltklinik
Arbeiterwohlfahrt
Bezirksverband Hannover e.V.
Am Dorfteich 14–16
25996 Wenningstedt/Sylt

Brandenburg-Klinik
Brandenburger Allee
Kinderonkologische Abteilung
16321 Bernau-Waldsiedlung

Finanzierungsfragen im Zusammenhang mit familienorientierten Nachsorgemaßnahmen

Arbeitsgemeinschaft für
Krebsbekämpfung, Träger der
gesetzlichen Kranken- und
Rentenversicherung im Lande
Nordrhein-Westfalen, Sitz Bochum
Frau Wanjek
Königsallee 175
44799 Bochum
Tel. 0234/304–8908

Asthma-Patientenschulungen und Asthma-Camps

Bremer Asthma Trainingsteam
Kinderambulanz
der Universität Bremen
Grazer Str. 2
28359 Bremen
Tel. 0421/218–4615

Asthma-Zentrum
Jugenddorf Buchenhöhe
Berchtesgadener Asthma
Trainingsteam
Buchenhöhe 46
83471 Berchtesgaden
Tel. 08652/600011

Zentren in der Rheumabehandlung bei Kindern

Rheumakinderklinik
Gehfeldstr. 24
82467 Garmisch-Partenkirchen

Rheumaklinik
Station für Kinder und
Jugendliche
24576 Bad Bramstedt

Nordwestdeutsches Rheumazentrum
St. Josef Stift Sendenhorst
Abteilung für Kinder- und
Jugendrheumatologie
48324 Sendenhorst

Diabetes-Zentren

Diabetes-Zentrum Quakenbrück
49610 Quakenbrück
Kinderkrankenhaus Auf der Bult
J.-Korczak-Allee 12
30173 Hannover

Kinderklinik der Freien Universität
Berlin
Heubnerweg 6
14059 Berlin

Diabetesklinik Bad Oeynhausen
Wielandstraße 23
32545 Bad Oeynhausen

Diabetes-Klinik Bad Mergentheim
Theodor-Klotzbücher-Str. 12
97980 Bad Mergentheim

Sonstige wichtige Kontaktadressen

Krankenhaus

Aktionskomitee
„Kind im Krankenhaus" e.V.
Kirchstraße 34
61440 Oberursel
Tel. 06172/303600

Schule

Bundesarbeitsgemeinschaft
„Gemeinsam leben – gemeinsam lernen"
Eltern gegen Aussonderung
Stülerstr. 2
10787 Berlin

Studium

Deutsches Studentenwerk e.V.
Beratungsstelle für behinderte
Studienbewerber und Studenten
Weberstr. 55
53113 Bonn
Tel. 0228/2690662 oder
0228/2690657

Häusliche Kinderkrankenpflege

Mobile Kinderkrankenpflege
in Frankfurt
Freiligrathstr. 35
60385 Frankfurt am Main

Selbsthilfe

Nationale Kontakt-
und Informationsstelle zur
Anregung und Gründung
von Selbsthilfegruppen (NAKOS)
Albrecht-Archiles-Straße 65
10709 Berlin
Tel. 030/8914019

Kontaktstelle für ausländische Familien mit chronisch kranken bzw. behinderten Kindern

Gesellschaft zur Förderung
behinderter türkischer Kinder e.V.
Vahrenwalder Str. 194
30165 Hannover
Tel. 0511/7984043

Empfehlenswerte Literatur

Patientenzeitschriften

Krebs

„Wir" – Eine Zeitschrift für Eltern krebskranker Kinder,
herausgegeben von Frau Dr. Gerlind Bode
Deutsche Leukämie-Forschungshilfe
Aktion für krebskranke Kinder e.V.
Dachverband
Joachimstr. 20
53113 Bonn

Rheuma

mobil – Patientenzeitschrift der
Deutschen Rheuma-Liga
Verlag Ehrlich & Sohn GmbH & Co.
Griegstr. 75
22763 Hamburg

Rheuma-Journal
P. Keppler Verlag GmbH & Co. KG
Postfach 1353
63150 Heusenstamm

mobil-L-eben – Ein zweimal jährlich erscheinendes Mitteilungsblatt der Deutschen Rheuma-Liga, Landesverband Schleswig-Holstein e.V. für Eltern rheumakranker Kinder und betroffene Jugendliche
Melanchthonstr. 31
24114 Kiel

Asthma

Journal der Deutschen Allergie- und Asthmahilfe e.V.
Dorotheenstr. 174
22299 Hamburg

Diabetes

Diabetes Journal
Verlag Kirchheim
Postfach 2514
55015 Mainz

Selbsthilfe – allgemein

Selbsthilfe – Zeitschrift der Bundesarbeitsgemeinschaft Hilfe für Behinderte
Kirchfeldstr. 149
40215 Düsseldorf

Bücher für Eltern

Krebs

Adair, K.:
Adam – Mein Kind hat Leukämie.
Ein Erfahrungsbericht.
Heyne, München 1987

Bode, Gerlind/Schmalenbach, Ulla:
Unser Kind hat Krebs. Ein Handbuch für Eltern krebskranker Kinder.
wbn-Verlag, Dreieich 1984

Frank, Gisela:
Leben mit einem Tumor. Ein Buch für Kinder, Jugendliche und ihre Eltern.
4. Auflage, Druckwerkstatt, Münster 1991
Zu beziehen über: Sekretariat
Prof. Dr. G. Shellong
Universitäts-Kinderklinik
Albert-Schweitzer-Str. 33
48149 Münster/Westf.

Kremens, Bernhard:
Leukämie. Was ist das? Ein Buch für Kinder und Eltern. 6. Auflage.
Druckwerkstatt, Münster 1988
Zu beziehen über: Sekretariat
Prof. Dr. G. Shellong
Universitäts-Kinderklinik
Albert-Schweitzer-Str. 33
48149 Münster/Westf.

Krebs

Adressen-Verzeichnis für
die Bundesrepublik Deutschland
1992/1993
zu beziehen über
Dialog-Service Medizin
Bonner Str. 211
51145 Bonn

Rheuma

Horn, Uli (Hrsg.):
Lernen mit Rheuma zu leben.
Verlag für Medizin, Heidelberg 1991

Asthma

Petermann, Franz/Walter, Hans-Jörg/
Köhl, Christoph/Biberger, Angelika:
Asthma-Verhaltenstraining (AVT) mit
Kindern und Jugendlichen. Quintessenz, München 1993

Diabetes

Hirsch, Axel: Mit Diabetes leben lernen.
Wege zur seelischen Bewältigung des Diabetes.
PAL, Mannheim 1992

Chronische Krankheiten – allgemein

Kiepenheuer, Kaspar:
Was kranke Kinder sagen wollen.
Kreuz-Verlag, Zürich 1990

Petermann, Franz/Noeker, Meinolf/
Bode, Udo:
Psychologie chronischer Krankheiten
im Kindes- und Jugendalter
Psychologie Verlags Union, Weinheim 1987

Petermann, Franz/ Bode, Udo/
Schlack, Hans Georg:
Chronisch kranke Kinder und
Jugendliche. Eine interdisziplinäre
Aufgabe. Deutscher Ärzte Verlag, Köln 1990

Kinder und Jugendliche – allgemein

Petermann, Ulrike:
Kinder und Jugendliche besser verstehen.
Kösel Verlag, München 1991, 3. erweiterte Auflage

Bücher für Kinder

Angehrn, Walter/
Perrin, Lilian-Esther/Kraemer, Richard
Wir haben ein Asthma-Kind.
Hilfe und Informationen.
Kösel Verlag, München 1987.
Sehr viele großformatige,
anschauliche Abbildungen und
schöne Illustrationen.

Janosch:
Ich mach dich gesund, sagte der Bär.
Diogenes, Zürich 1985
Wen einem der „Streifen“
verrutscht, fühlt man sich nicht wohl.
Dann muß man in das Krankenhaus wie der
kleine Tiger. Sein Freund, der Bär, kommt
ihn täglich besuchen, und der Doktor
Brausefrosch macht ihn wieder gesund.

Kolloch, Elisabeth:
Annabel und Fabian sind krank
Schwann 1984.
Ein Bilder-, Geschichten-, Spiel- und
Bastelbuch für kranke Kinder.

Paul, Karl P.:
Asthma bei Kindern. Informationen für
Eltern und Kinder.
77 farbige Abbildungen, Springer Verlag, Heidelberg. Berlin
1991.
Ausführliche Informationen zu Krankheitsbild
und Behandlung mit anschaulichen Illustrationen.

Seelig, Renate/Arnold, Katrin:
Anna macht mit.
Ellermann, München 1982
Anna, die von Geburt an krank ist,
lernt das Leben mit einer chronischen
Krankheit zu meistern. Gesunde Kinder
gewinnen mehr Verständnis für die
Krankheitssituation. Preisbuch „Die
Silberne Feder“ 1982.

Hürter, Peter/Jastram, Hans-Uwe/
Regling, Bernd/Toeller, Monika/
Lange, Karin/Weber, Bruno/
Burger, Walter/Haller, Reinhold:
Diabetes-Buch für Kinder
Deutscher Ärzte-Verlag GmbH, Köln 1989
in Lizenz der Boehringer Mannheim GmbH.

Rauschenbach, Erich:
Zucker ist nicht immer süß.
Verlagsgesellschaft Schulfernsehen 1982
Was ist zu tun, wenn der Mitschüler an
Diabetes erkrankt ist? Mit amüsanten Illustrationen.

Wiedebusch, Silvia/Ganser, Georg:
GeLENKig – Ein Rheumabuch für Kinder.
Kabi Pharmacia, Erlangen 1992
Rheumakranke Kinder erkunden mit LENK
ihre Krankheit und die erforderlichen Behandlungen.
Zu beziehen über die Landesverbände der
Deutschen Rheuma-Liga e.V.

Zuppinger, Klaus/Gambon, Reto/Götz, Christian:
Du und ich sind zuckerkrank.
Huber Verlag, München 1989
Mit ansprechenden Bildergeschichten werden
Kinder im Schulkindalter über ihre
Erkrankung und Behandlungsmaßnahmen aufgeklärt.

Hughes, Monika:
Jäger in der Nacht.
Benziger 1984.
Mike hat Leukämie. Während einer Hirschjagd begreift er, daß „der Feind, vor dem er so lange versucht hatte zu fliehen, in Wirklichkeit sein Freund war." – und läßt das gejagte Tier entfliehen.
Sehr anspruchsvoll. Preisbuch „Die Silberne Feder" 1985.

Rück, Solfried:
Billa auf Stelzen
Bitter 1982.
Die neunzehnjährige Billa ist an Diabetes erkrankt. Sie möchte Krankenschwester werden, hat jedoch Schwierigkeiten bei der Stellensuche.

Rück, Solfried:
Weglaufen gilt nicht
Bitter 1979
dtv pocket
Billa muß mit dem Diabetes leben lernen.

Welsh, Renate:
Drittes Bett links
dtv pocket
Mit anderen das Krankenzimmer zu teilen, ist nicht leicht. Doch jedes Kind muß mit seiner besonderen Situation fertig werden. Zusammen geht vielleicht doch einiges einfacher?

Spielsachen für das bettlägrige Kind

Hirs, M.:
Spielsachen für das bettlägrige Kind
Ulm: Arbeitsausschuß für gutes Spielzeug e.V.
Marktplatz 14, 89073 Ulm (Donau)

Audiokassette mit Entspannungstexten

Petermann, U.:
Die Kapitän-Nemo-Geschichte
Teil I und II
Elvikom 1993

Kinder verstehen

Rudolf Dreikurs/Loren Grey
Kinder lernen aus den Folgen
Wie man sich Schimpfen und Strafen sparen kann
Band 4055

Ein Erziehungsstil, der Kindern frühzeitig dazu verhilft, eigenständige Erfahrungen zu sammeln und mit Freiheit richtig umzugehen.

Emil E. Kobi/Heidi Roth
Kinder von Aggressiv bis Zerstreut
Ein Ratgeber für den Erziehungsalltag
Band 4182

Damit aus einer Kinderzimmer-Mücke kein Elephant wird: überzeugende Vorschläge, die Probleme lösen und Fehlentwicklungen erkennen helfen.

Armin Krenz
Seht doch, was ich alles kann
Was uns Kinder sagen wollen
Band 4209

Die Innenwelt des Kindes. Ein Buch, das die Vielfalt kindlicher Ausdrucksformen lesbar macht und hilft, Fähigkeiten besser zu entfalten.

Judith S. Kestenberg/Janet Kestenberg-Amighi
Kinder zeigen, was sie brauchen
Wie Eltern kindliche Signale richtig deuten
Band 4222

Darauf können Sie vertrauen: Ihr Baby weiß selbst am besten, was es braucht. Hilfreiche Hinweise für gestreßte und schlaflose Eltern.

Roswitha Defersdorf
Ach, so geht das!
Wie Eltern Lernstörungen begegnen können
Band 4243

Damit die Lust am Lernen nicht zum Frust wird: Erprobte Hinweise, wie Eltern ihrem Kind helfen können, Lernblockaden abzubauen.

HERDER / SPEKTRUM